Low Fat 30

Für Berufstätige

Monika Brenz-Rickert (Hrsg.)

Low Fat 30

Für Berufstätige

Falken

Inhalt

Die LOW FETT 30-Idee

Fett macht fett

Wissen Sie, was die asiatische Küche der amerikanischen voraus hat? Obwohl in Asien kalorienreicher gegessen wird, sind Figurprobleme und Übergewicht dort eher die Ausnahme. Die Erklärung ist ganz einfach: Die Kalorien, die die Amerikaner (und auch die Deutschen) zu sich nehmen, stammen vorwiegend vom Fett. Wir lieben es, die Butter dick aufs Brot zu streichen, die fettreiche Sauce noch mit einem Schuss Sahne zu verfeinern und die Kartoffeln schmecken uns frittiert auch viel besser als gekocht. Chinesen und Japaner, meist schlank und rank, essen vergleichsweise wenig Fett, also LOW FETT. Bei asiatischen Gerichten stammen nur etwa 15% der Energiezufuhr vom Fett, der Rest wird von den Kohlenhydraten und Eiweißen geliefert. Das sind die große Portion Reis, viel frisches Gemüse und mageres Fleisch.

Auch neue wissenschaftliche Studien belegen, dass dicke Menschen nicht unbedingt mehr Kalorien zu sich nehmen, sondern einfach nur viel Fett im Vergleich zu den anderen Nährstoffen, den Kohlenhydraten und den Eiweißen.

Für Ärzte und Ernährungswissenschaftler ist es längst kein Geheimnis mehr: Fett macht fett und sogar krank. Es lagert sich als Depot für schlechte Zeiten an Hüften, Bauch und Po an, es macht uns schlapp und träge. Zu viel Fett erhöht sogar das Risiko an Diabetes, Arteriosklerose, Bluthochdruck, Schlaganfall und Herzinfarkt zu erkranken. Mediziner fanden heraus, dass es in Asien diese Krankheiten viel seltener gegeben hat als in den westlichen Industriestaaten und, dass die Herz-Kreislauf-Erkrankungen in dem Maße zunehmen, wie auch in Asien immer mehr „westlich" gegessen wird.

Fazit: Jedes Lebensmittel oder jedes Gericht, das wenig Fettkalorien enthält, ist gut für Figur und Gesundheit.

Was bedeutet LOW FETT 30?

LOW FETT 30 ist keine Diät im üblichen Sinn. Sie essen weiterhin was Ihnen schmeckt, es sollte lediglich fettarm sein. Durch eine Umgewöhnung, die Schritt für Schritt vor sich geht, verändern Sie Ihre Ernährung so, dass sie reich an sättigenden Kohlenhydraten ist und nur wenig Fett enthält. Maximal 30% der Kalorien, die Sie täglich mit der Nahrung aufnehmen, dürfen aus Fett stammen. Die restlichen Kalorien sollten hauptsächlich in Form von Kohlenhydraten zugeführt werden. Wenn Sie diese einfache Regel berücksichtigen, erhalten Sie ganz nebenbei Ihre Wohlfühlfigur.

LOW FETT 30 hilft Ihnen, ohne Kalorienzählen die geeigneten Lebensmittel einfach und schnell auszuwählen.

In diesem FALKEN Buch finden Sie raffinierte Rezepte, die zwar weniger Fett, aber umso mehr Geschmack haben. Und sie sind überdies leichter verdaulich, liegen also nicht so schwer im Magen. Wer sich an LOW FETT 30 hält, isst gesund, bleibt fit und schlank. Probieren Sie es aus. Diese Art zu essen sättigt und macht glücklich. Erleben Sie, wie gut fettarmes Essen schmeckt.

Nährstoffe – unsere Energiequellen

Ein Auto benötigt Benzin, um überhaupt fahren zu können. Genauso benötigt der menschliche Körper energieliefernde Treibstoffe. Jene Energie liefern uns die drei Nährstoffe Fette, Kohlenhydrate und Eiweiße. Zusätzlich tragen Vitamine, Mineralstoffe, Spurenelemente, bioaktive Pflanzenstoffe und Wasser dazu bei, dass alle Vorgänge im Körper reibungslos funktionieren. Mithilfe der Energie, die unser Körper aus der Nahrung gewinnt, können wir körperlich arbeiten, Sport treiben oder schlicht Zeitung lesen.

Kohlenhydrate

Kohlenhydratreiche Lebensmittel sind beispielsweise Brot, Reis, Kartoffeln und Nudeln. Unser Körper speichert überschüssige Kohlenhydrate als Energiereserve. Wie in einer Speisekammer werden sie als Vorrat angelegt: und zwar im Blut in Form von Zucker (Glucose) und in der Leber sowie in den Muskeln in Form von Glykogen. Jeder, der Sport treibt und dabei diese beiden Reserven aufbraucht, merkt, dass sich sehr schnell wieder Hunger einstellt. Übrigens sind unsere Kohlenhydratspeicher ein Grund dafür, dass bei kurzfristigen Diäten die Fettpolster zunächst überhaupt nicht angegriffen werden.

Eiweiße

Aus dem zweiten Nährstoff, dem Eiweiß, baut unser Körper vor allem Muskeln aber auch andere Gewebe auf. Daneben ist es Baustein für Enzyme, Hormone, Antikörper und vieles mehr. Der größte Teil des Körpereiweißes ist in den Muskeln gespeichert, der Rest in den anderen Organen

und im Blut. Etwa 100 g Eiweiß werden ständig über das Blut zu den Orten unseres Körpers transportiert, wo sie benötigt werden.
Große Mengen Eiweiß enthalten Fleisch, Wurst, Eier, Milch und Milchprodukte sowie Hülsenfrüchte. Aber auch Kartoffeln, Getreide, Nüsse und Saaten sind wertvolle Eiweißlieferanten.
Zu viel Eiweiß macht selten dick. Denn es muss sehr aufwändig, ähnlich wie die Kohlenhydrate, in Fett umgebaut werden. Stattdessen verbrennt unser Körper das überschüssige Eiweiß zu Energie. Eine eiweißreiche Kost belastet jedoch auch die Nieren.
Eiweißreiche Lebensmittel enthalten oft auch noch sehr viel Fett (beispielsweise Fleisch, Wurst, Käse und Nüsse). Demgegenüber stellt LOW FETT 30, mit mageren tierischen und pflanzlichen Eiweißträgern, eine Ernährung dar, die die richtige Eiweißmenge liefert.

Fette

Eine gewisse Menge Fett in der Nahrung ist unerlässlich. Wir brauchen es als Träger fettlöslicher Vitamine und essenzieller Fettsäuren. Außerdem wird es benötigt zur Polsterung innerer Organe, für die Bildung zahlreicher Hormone, für den Aufbau unserer Nerven und für andere wichtige Aufgaben unseres Körpers. Fett liefert uns sehr viel Energie und dient gleichzeitig auch als Energiespeicher für Notzeiten. Diese geballte Energie ist für schwer körperlich arbeitende Menschen sinnvoll, da sie in kurzer Zeit viel davon verbrauchen. Dagegen lagert sich bei Personen mit sitzender Tätigkeit zu viel durch Fett aufgenommene Energie als Depotfett für kommende Notzeiten ein.
Aber: Fett ist nicht gleich Fett. Es gibt Fettarten, die als eher günstig für den Körper eingestuft werden und welche, die eher ungünstig wirken.
Fette bestehen aus gesättigten, einfach ungesättigten und mehrfach ungesättigten Fettsäuren. Grundsätzlich günstig sind Fette mit möglichst viel einfach und mehrfach ungesättigten Fettsäuren. Das sind alle pflanzlichen Öle, wie zum Beispiel Distel-, Sonnenblumen- oder Maiskeimöl.
Fette tierischer Herkunft liefern überwiegend gesättigte Fettsäuren, die zu einem hohen Blutfettspiegel beitragen und damit Herz-Kreislauf-Erkrankungen durch Verengung der Arterien (Arteriosklerose) begünstigen können. Ausnahmen bestätigen die Regel, so auch hier: Fischöl, obwohl ein tierisches Fett, ist reich an günstigen Fettsäuren; Kokosfett, wenngleich ein Pflanzenfett, besteht vorwiegend aus ungünstigen gesättigten Fetsäuren.
Dennoch gilt weiterhin die Grundregel: Wichtiger fürs Wohlfühlgewicht ist zuerst

die Menge des Fettes, die wir zu uns nehmen. Wer die günstigen Fette bevorzugt, verwöhnt zusätzlich seinen Körper. Er wird es Ihnen mit Wohlbefinden, Gesundheit und schöner Haut danken.

Übergewicht: Definition – Entstehung – Ursachen

Medizinisch gesehen ist Übergewicht eine über das normale Maß hinausgehende Erhöhung der Körpermasse bzw. der Körperfettmasse. Oder anders ausgedrückt: Personen, die zu viel wiegen – vor allem durch zu viel Körperfett – haben Übergewicht. Übergewichtige sind körperlich nicht so leistungsfähig wie Normalgewichtige, werden schneller krank und fühlen sich meist nicht sehr wohl in ihrer Haut. Sie haben besonders im Berufsleben mit vielen Vorurteilen zu kämpfen: Ihnen wird seltener eine Führungsposition zugesprochen, weil sie als träge und unattraktiv gelten.
Wer nicht dem gängigen Ideal entspricht, unterliegt enormem Druck. Zahlreiche Diättipps und Wundermittel zum schnellen Abnehmen wandern Tag für Tag nicht nur über die Laden-, sondern auch über die Bürotische.

Was bedeutet Wohlfühlgewicht?

Früher bestimmte man das Normalgewicht mithilfe des so genannten Broca-Index (Körpergröße in cm minus 100 = Normalgewicht in kg). Ein neuer Bewertungsschlüssel ist der Body-Mass-Index (BMI). Er berücksichtigt nicht nur die Körpergröße, sondern auch die Statur jedes Einzelnen. In einer altersabhängigen Zahlentabelle kann jeder seinen wünschenswerten BMI-Wert ablesen:

Altersgruppe (in Jahren)	**wünschenswerter BMI**
19 – 24 Jahre	19 – 24
24 – 34 Jahre	20 – 25
35 – 44 Jahre	21 – 26
45 – 54 Jahre	22 – 27
55 – 65 Jahre	23 – 28
> 65 Jahre	24 – 29

Und so berechnen Sie Ihren persönlichen Body-Mass-Index (BMI):

$$\text{BMI} = \frac{\text{Körpergewicht (kg)}}{(\text{Körpergröße (m)})^2}$$

Beispiel: Ein Mensch ist 37 Jahre alt, 1,65 m groß und wiegt 67 kg:

$$\text{BMI} = \frac{67}{1{,}65 \times 1{,}65} = 24{,}6$$

Der optimale BMI für die Altersgruppe der 35- bis 44-Jährigen liegt zwischen 21 und 26. Innerhalb des wünschenswerten Bereiches (Normalgewicht) liegt unser so genanntes Wohlfühlgewicht. Alles was darüber liegt wird Übergewicht genannt.
Ab einem BMI von mehr als 30 sprechen Fachleute von Fettsucht (Adipositas). Wenn Ihr BMI im wünschenswerten Bereich liegt und Sie sich dennoch nicht wohl fühlen, dann könnte ein zu hoher Anteil an Körperfett die Ursache sein. Aufschluss darüber, ob Sie zu viel Körperfett besitzen, gibt Ihnen letztendlich nur die Messung des Körperfettanteils, nicht Ihre Waage. Fachleute und Ernährungsspezialisten in Arzt- und Ernährungsberatungspraxen sowie in Fitnessstudios verfügen über entsprechende Geräte, um den Körperfettanteil zu messen. Fragen Sie dort einfach nach.

Kalorie ist nicht gleich Kalorie

Schuld am Übergewicht ist zunächst einmal eine unausgeglichene Energiebilanz. Das bedeutet: Sie nehmen mehr Kalorien zu sich, als Ihr Körper wieder verbraucht. Die überschüssige Energie wird im Fettgewebe gespeichert. Wie stark die Fettpölsterchen dabei anwachsen, hängt jedoch auch davon ab, in welcher Form Sie die Kalorien aufnehmen. Kalorie ist nämlich nicht gleich Kalorie. Um Kohlenhydrate in Fett umzuwandeln muss unser Körper erst einmal viel Energie aufwenden. Im Gegensatz dazu wird überschüssiges Nahrungsfett fast ohne „Verluste“ als Depotfett angelegt. Für Sie bedeutet das praktisch: Ist Ihr Körper schon ausreichend mit Energie versorgt, nehmen Sie von einer Fett-Kalorie mehr zu als von einer Kohlenhydrat-Kalorie.
Und außerdem: Ein Gramm Kohlenhydrate und ein Gramm Eiweiße liefern jeweils etwa 4 Kalorien. Ein Gramm Fett dagegen liefert mehr als doppelt so viel Energie, nämlich etwa 9 Kalorien. Auch deshalb ist es wichtig, möglichst wenig Fett zu essen.
Haben Sie schon einmal darüber nachgedacht, wie viel Fett Sie täglich essen? Mit großer Wahrscheinlichkeit gehören auch Sie zu der Gruppe von Personen, die im Durchschnitt mehr als 100 g Fett am Tag essen.
Wussten Sie, dass fünf Scheiben Salami bereits etwa die Hälfte unseres täglichen Fettbedarfs abdecken? Wenn Sie jeden Tag nur 20 g Fett – steckt etwa in einer halben Tafel Schokolade oder in 1 bis 2 Esslöffeln Öl – zu viel essen, sind das im Monat bereits mehr als ein Pfund und über ein Jahr gesehen bereits über 7 Kilogramm Fett zu viel.
Viele unserer Lieblingsspeisen sind sehr fettreich: Dazu gehören Pommes frites, fette Wurst- und Käsesorten, Sahne- und

Buttercremetorten, Rührkuchen und Gebäck, aber auch die Butter fürs Brot, das Salatöl oder das Fett zum Braten.

Auch hungern macht dick

Die zweithäufigste Ursache für Übergewicht und einen zu hohen Körperfettanteil sind die vielen Schlankheitsdiäten. Sie erzielen nur kurzfristige Erfolge. Die Gewichtsabnahme beruht vorwiegend auf dem Verlust an Wasser und Muskelmasse. Kurz nach der Diät lagert der Körper aber noch mehr Fett ein als zuvor und das Gewicht klettert wieder so hoch, dass man sich zur nächsten Schlankheitskur gezwungen sieht. Ein Teufelskreis beginnt: abnehmen – zunehmen – abnehmen. Der so genannte Jojo-Effekt.

Die Ursache für dieses Dilemma liegt weit zurück. Der menschliche Körper ist seit Jahrtausenden trainiert, für Notzeiten gerüstet zu sein. Nahrungsreserven werden in Form von Fett gespeichert. Diese Fettreserven werden aber in Hungerperioden geschont, da der Energieverbrauch des Körpers sinkt. Bei einer Diät geschieht das Gleiche: Kalorien werden eingespart und wir kommen mit weniger Nahrung aus. Das Resultat: Nach einigen Wochen nehmen wir nicht weiter ab, der Körper hat sich auf weniger Nahrung eingestellt. Nach der Diät nehmen wir zwangsläufig wieder zu. Der Energieverbrauch läuft ja noch auf Sparflamme.

Die Zunahme erfolgt sogar von Mal zu Mal schneller. Nicht genug, dass das Gewicht immer weiter steigt, auch der Fettanteil vergrößert sich. Denn während der Diät gehen hauptsächlich Muskelmasse und Wasser verloren.

Abnehmen mit LOW FETT 30

Japaner und Chinesen machen es uns vor. Sie essen fettarm und sind deshalb meist schlanker als wir. Versuchen darum auch Sie das asiatische Erfolgsrezept nachzuahmen und achten Sie von heute an auf die richtige Menge Fett in Ihrer Nahrung. Wenn Sie Ihr Gewicht halten wollen, sind 60 – 80 g Fett genug. Um abzunehmen, sollten es nicht mehr als 40 – 60 g sein.

LOW FETT 30 zeigt ihnen, wie Sie Ihr Ziel ganz leicht erreichen können. Der Clou dabei ist: Sie brauchen nicht erst umständlich die täglich aufgenommene Fettmenge zu berechnen. Wenn Sie ausschließlich Lebensmittel wählen, die LOW FETT 30 sind, ernähren Sie sich automatisch fettarm. Denn alles, was LOW FETT 30 ist, liefert maximal 30% der Kalorien in Form von Fett.

Die LOW FETT 30-Tabelle auf den letzten Seiten dieses Buches bietet Ihnen eine große Auswahl an fettarmen Lebensmitteln. Suchen Sie sich davon Ihre Favoriten aus und genießen Sie zukünftig jene Lieblingsspeisen so oft Sie wollen. Mit LOW FETT 30 können Sie sich satt essen und trotzdem abnehmen.

Im Rezeptteil dieses Buches finden Sie zudem viele Rezepte für LOW FETT 30-Gerichte, die Ihren Speiseplan bereichern werden.

Auf vielen Lebensmittelpackungen stehen die Gewichtsanteile der einzelnen Nährstoffe: z.B., wie viel Gramm Fett pro 100 g des Produktes enthalten sind. Diese Gewichtsprozent-Angabe dürfen Sie nicht mit den Fettkalorienprozenten des jeweiligen Lebensmittels verwechseln!

So berechnen Sie die Fettkalorien

Die Fettkalorien jedes Lebensmittels können Sie ganz einfach selbst berechnen. Sie benötigen dazu lediglich dessen Kalorien- und Fettgehalt pro 100 Gramm. Beides finden Sie auf den Lebenmittelverpackungen. Außerdem müssen Sie noch wissen, dass 1 g Fett 9 Kalorien liefert. Die Formel lautet:

$$\frac{\text{Fettgehalt in g pro 100 g} \times 9 \times 100}{\text{Kaloriengehalt in kcal pro 100 g}} = \%\,\text{Fettkalorien}$$

Vollmilch hat beispielsweise 68 Kalorien pro 100 g und 3,8 g Fett. Der Fettkaloriengehalt berechnet sich dann folgendermaßen:

$$\frac{3{,}8 \times 9 \times 100}{68} = 50{,}3\%\ \text{Fettkalorien}$$

Fettarme Milch hingegen hat nur 47 kcal pro 100 g und 1,5 g Fett. Ihr Fettkaloriengehalt reduziert sich dadurch deutlich:

$$\frac{1{,}5 \times 9 \times 100}{47} = 28{,}7\%\ \text{Fettkalorien}$$

Fettarme Milch ist also LOW FETT 30 und deshalb der Vollmilch vorzuziehen. Lebensmittel, die weniger Fett enthalten, sind nicht ärmer an Vitaminen oder an Mineralstoffen. Oftmals enthalten sie sogar mehr davon. Obwohl Sie Ihrem Köprer also weniger Kalorien zuführen, liefern Sie ihm mehr Vitamine, Mineralstoffe, Ballaststoffe und wichtige bioaktive Substanzen. Kurz gesagt: Mit LOW FETT 30 essen Sie leichter, gesünder und werden satt.

In wissenschaftlichen Studien hat sich gezeigt, dass Brot besser sättigt als Butter. Außerdem hat die Butter auf dem Brot schnell genauso viel Kalorien wie die ganze Brotscheibe. Oder vier Esslöffel Öl haben genauso viel Kalorien wie ein ganzes Kilo Gurken!

Essen Sie bevorzugt Lebensmittel, die viel Kohlenhydrate enthalten. Sie sättigen anhaltender und machen nicht träge. Dazu gehören Brot, Reis, Kartoffeln, Nudeln und Getreide. Außerdem dürfen Sie bei Gemüse und Obst reichlich zugreifen. LOW FETT 30 bietet ihnen die Chance, ohne zu hungern abzunehmen. Sie können alles essen, es kommt eben nur auf die Fettmenge an.

„Erfolgsrezept Wohlfühlgewicht“

Damit Ihr „Erfolgsrezept Wohlfühlgewicht“ gelingt, benötigen Sie neben wenig Fett und viel Kohlenhydraten auch eine gute Portion Bewegung. Dreimal die Woche eine größere Dosis Ausdauersport wie Schwimmen, Rad fahren, Tanzen oder ähnliches wirkt Wunder. Würzen Sie das Ganze täglich mit mehreren Prisen Alltagsbewegung, wie Spazierengehen, Treppensteigen oder Gartenarbeit. Bereiten Sie alles mit viel Spaß zu. Als wöchentliches Menü genossen, trägt dies vorzüglich zu Ihrer Gesundheit, guten Laune und Fitness bei.

Tipps aus der Praxis

Fettarme Brotaufstriche

Ersetzen Sie die Butter oder die Margarine fürs Brot durch einen fettarmen Streichkäse oder durch Tomatenmark. Probieren Sie auch Quark, körnigen Frischkäse und Gemüseaufstriche. Saftig und frisch schmecken zusammengeklappte Brote mit Salat, eingelegtem Paprika oder Gurken. Auch die Supermärkte bieten immer mehr leichte Brotaufstriche an.

Knackiger Salat braucht nur wenig Öl

Messen Sie Öl mit einem Tee- oder Esslöffel genau ab. Mit einem Esslöffel Salatöl haben Sie bereits ein Viertel der maximal empfohlenen Fettmenge erreicht. Das Gleiche gilt für Nüsse, Samen und Kerne, die viel Fett enthalten. Einfach fein hacken, dann reicht oft weniger als die Hälfte zum Garnieren von Suppen, Salaten und Gemüse.

Häufiger grillen und dünsten

Grillen oder dünsten Sie Fleisch, Fisch und Gemüse. Wer beschichtete Pfannen verwendet kann auch beim Braten viel Fett sparen. Wenn es unbedingt paniert oder frittiert sein soll, dann lassen Sie die Speisen nach dem Braten oder Frittieren auf Küchenpapier gut abtropfen.

Was ist fetter: Wurst oder Käse?

Einige Wurstsorten, wie beispielsweise Kochschinken, Lachsschinken, Cornedbeef, Geflügelbrust oder Sülze, enthalten weitaus weniger Fett als viele Käsesorten.

Absolut ist nicht Prozent

Bei Käse ist die Angabe % Fett in der Trockenmasse (F.i.Tr.) üblich. Aber das ist nicht der absolute Fettgehalt. Den ermitteln Sie folgendermaßen: multiplizieren Sie die Angabe Fett in Trockenmasse für Frischkäse mit dem Faktor 0,3, für Weichkäse mit 0,5, für Schnittkäse mit 0,6, für Hartkäse mit 0,7.

Heiß geliebte Kaffeezeit

Fettreich sind besonders Blätter- und Mürbeteigstückchen, Sahne- und Buttercremetorten sowie Nussecken. Greifen Sie stattdessen zu Obstkuchen mit Bisquit-, Hefe- oder Quark-Öl-Teig. Und statt Sahne nehmen Sie ein paar Löffel Vanillejogurt oder Magerquark mit etwas Mineralwasser und Vanillezucker glattgerührt.

Fett sparen durch Alternativen statt	besser
Streichfette	
Butter, Margarine	Halbfettbutter/-margarine,
	allgm.: fettarmer Streichkäse, -rahm, Quark
	Tomatenmark
Fleisch- und Wurstwaren	
diverse Sorten Schnittwurst (z.B. Salami)	gekochter Schinken, Lachsschinken, Kasseler
Würste am Stück/Streichwürste	Geflügelfleisch, -brust, -wurst (z.B. Truthahn)
Schweine- oder gemischtes Hackfleisch	Rinderhackfleisch, Tatar, Sojahack
Bratwurst	Geflügelbratwurst, Sojabratwurst/-bratlinge
Speck zum Kochen	fettarme Salami (Rinder-, Geflügelsalami)
	allg.: vegetarische Aufstriche, Fischgerichte
Milch und Milchprodukte	
Milch, Jogurt, Dickmilch 3,5%	Milch, Jogurt, Kefir bis 1,5%
Kondensmilch 4% Fett	Milch bis 1,5%
Kondensmilch 10 – 12% Fett	Kondensmilch bis 4% absol.
Speisequark, 20%, 40%	Speisequark Magerstufe
Schlagsahne in Müsli und Frischkornbrei	Milch 1,5%, Buttermilch oder Fruchtsaft
Schlagsahne, Crème fraîche	saure Sahne bis 10% Fett
Schlagsahne in Aufläufen und Saucen (bei Mengen von mehr als 1 – 2 Esslöffeln)	die halbe Menge durch Milch 1,5% ersetzen (Sauce aus Gemüsebrühe und Schmelzkäse)
Majonäse	fettreduzierte Majonäse Buttermilch-, Essig-Öl-, Jogurtdressing

Fett sparen durch Alternativen statt	besser
Käse	
diverse Sorten Schnittkäse (z.B. Gouda)	fettarmer Schnittkäse bis 17% absol.
diverse Sorten Weichkäse	Camembert oder Weichkäse bis 14% absol.
Schmelzkäse	Schmelzkäse bis 11% absol.
Frischkäse	fettarmer Frischkäse bis 8% absol.
	allg.: Kräuterquark, vegetarische Aufstriche
Zum Binden	
Schmand 24% absolut	saure Sahne bis 10% absolut
Ei (bei Fleischteig oder Hefeteig)	Magerquark, Hefeflocken
Ei (für Saucen oder Suppen)	Hefeflocken, Haferkleieflocken, Kartoffelmehl
Sahne (für Tortenfüllungen)	Magerquark mit Jogurt und Gelatine
Salate und Fertiggerichte	
fettreiche Feinkostsalate	fettarme Feinkostsalate (weniger 30% Fett)
fettreiche Fertiggerichte	Fertiggerichte mit maximal 30% Fettkalorien (s. LOW FETT 30-Tabelle oder Nährwertangaben)
Kuchen und Kleingebäck	
Rührkuchen, Sahne-, Buttercremetorten	Obstkuchen mit Hefe-, Biskuit-, Quark-öl-teig
Croissants, Butterhörnchen, Blätterteiggebäck	Hefehörnchen, Knusper-, Müslistangen
Süße und salzige Knabberartikel	
Kekse z.B. Butterkeks oder mit Schokolade Schokolade/Schokoladenriegel Kartoffelchips, Nüsse aller Art	Knusperstangen, Obst, Fruchtgummi, Lakritze, Fruchtbonbons, Salzstangen oder -brezeln, gebackene Chips, knackige Gemüsestücke mit Quarkdip
Eis	
Eiscreme (Kugeln), Milcheiscreme	Fruchteis (Kugeln)
fertige Einzelpackungen (z.B. Magnum, Nogger)	Fruchteistüte (z.B. Cornetto Erdbeer, bottermelk fresh)

LOW FETT 30 im Berufsalltag

Ob Frühstück, Zwischenmahlzeit, Abendessen oder Wochenendmenü: das LOW FETT 30-Programm ist in der Hektik des Alltags leicht umzusetzen. Sie werden bald die leckeren Lebensmittel und Gerichte mit wenig Fett von den Fettbomben unterscheiden können. Selbst in der Kantine finden Sie eine so große Auswahl an fettarmen Alternativen, dass Sie sich schnell und einfach Ihr persönliches Menü zusammenstellen können. Oder Sie bringen sich einfach von zu Hause etwas mit.

Die Rezepte in diesem Buch sind ganz speziell auf Berufstätige zugeschnitten.

Zu einem guten Start in den Tag verhelfen Ihnen die Frühstücksrezepte, die Sie zu Hause in wenigen Minuten zubereiten können. Wer sich gerne Zeit dabei lässt, sollte unbedingt die fantasievoll belegten Brot- und Brötchenrezepte ausprobieren. Morgenmuffel greifen am besten zu den Müsli- und Obstvariationen, die sie problemlos auch ins Büro in einem fest verschließbaren Gefäß mitnehmen können. Für ganz Eilige eignen sich besonders die leichten Milchmixgetränke.

Bei den folgenden schnellen Gerichten zum Mitnehmen fürs Büro und unterwegs lassen selbst Bratwurst- und Pommes-Verwöhnte jede Imbissbude links liegen. Nach einem langen Arbeitstag zaubern Sie sich schnell und einfach mit unseren Rezepten für den Feierabend eine leckere Mahlzeit und am Wochenende können Sie dann so richtig schlemmen. Schritt für Schritt erklimmen Sie die Fettspar-Karriere-Leiter und können sich dennoch ohne schlechtes Gewissen ab und zu einen „Seitensprung" gönnen. Mit LOW FETT 30 werden Sie zum Manager Ihrer Ernährung. Versuchen Sie den Bedürfnissen Ihres Körpers gerecht zu werden, er wird es Ihnen mit einer guten Figur sowie mit geistiger und körperlicher Fitness danken.

Wochenplan

Egal, ob Sie als Berufstätiger abnehmen oder Ihr Gewicht halten wollen – LOW FETT 30 hilft Ihnen Ihr Ziel spielend zu erreichen. Achten Sie dennoch auf die Kalorien, die Sie täglich zu sich nehmen.

Wenn Sie berufstätig sind und abnehmen möchten, sollte die tägliche Kalorienzufuhr nicht unter 1200 Kalorien liegen, da Ihr Körper sonst zu wenig lebensnotwendige Nährstoffe bekommt. Sie werden schnell müde und unkonzentriert. Optimal sind 1500 – 1800 Kalorien täglich mit einer Fettmenge von maximal 60 g. Sie nehmen damit zwar langsamer, aber auch gesünder und erfolgreicher ab, als mit einer Radikaldiät. Der LOW FETT 30-Wochenplan für Berufstätige sieht etwa 1300 – 1800 Kalorien pro Tag vor. Jeder Tag beginnt mit einem gehaltvollen Frühstück, enthält zwei leckere Zwischenmahlzeiten und schließt mit einem gut sättigenden Abendessen ab. Wer zwischendurch Hunger bekommt, greift am besten auf die fettarmen Alternativen aus der LOW FETT 30-Tabelle zurück (siehe Seite 70 – 75). Von Natur aus fettarm sind beispielsweise Obst, Gemüse, Brot und Brötchen pur genossen.

Diejenigen unter Ihnen, die Ihr Gewicht einfach nur halten möchten, dürfen natürlich mehr Kalorien, aber maximal 80 g Fett zu sich nehmen. Sie können, wenn Sie sich nach dem Wochenplan richten, zusätzlich Lebensmittel aus der LOW FETT 30-Tabelle oder eine leckere Zwischenmahlzeit aussuchen. Wenn Sie in oder außerhalb Ihrer beruflichen Tätigkeit viel Bewegung haben, verdoppeln Sie einfach die Mengen der Zwischenmahlzeiten.

Ich empfehle allen, zusätzlich jeden Tag 1,5 bis 2 Liter kalorienarme Getränke, wie zum Beispiel Fruchtsaftschorlen, verdünnte Gemüsesäfte, Tee und Mineralwasser zu trinken. Bei dem LOW FETT 30-Wochenplan handelt es sich um je einen Tagesvorschlag für jeden der sieben Wochentage. Sie finden die Ideen und Rezepte auf den nachfolgenden Seiten. Probieren Sie die Rezeptsammlung aus oder stellen Sie sich einfach Ihren eigenen Wochenplan zusammen.

Montag

Insgesamt: 1690 kcal / 49 g Fett / 26% Fettkalorien

- Frühstück: Happy-Morning-Müsli (Seite 24)
- 1 Zwischenmahlzeit: Panzanella (Seite 32)
- 2. Zwischenmahlzeit: Vollkornnudelsalat (Seite 40)
- Abendessen: Kohlrabisuppe mit Baguette (Seite 43) und Knödelgratin (Seite 60)

Dienstag

Insgesamt: 1900 kcal / 49 g Fett / 23% Fettkalorien

- Frühstück: Bananen-Zimt-Quark (Seite 26)
- 1. Zwischenmahlzeit: Reissalat (Seite 41)
- 2. Zwischenmahlzeit: Salat mit Hähnchen und Avocado (Seite 37)
- Abendessen: Tortelliniauflauf (Seite 50)

Mittwoch
Insgesamt: 1950 kcal / 34 g Fett / 16% Fettkalorien
- Frühstück: Brötchen mit Quark und Erdbeerkonfitüre (Seite 25)
- 1. Zwischenmahlzeit: 2 Müsliriegel (Seite 33)
- 2. Zwischenmahlzeit: Fladensandwich (Seite 32)
- Abendessen: Dinkelschrotsuppe (Seite 42) und Fischtopf mit Banane und Ananas (Seite 52)

Donnerstag
Insgesamt: 1590 kcal / 42 g Fett / 24% Fettkalorien
- Frühstück: Fruchtiges Müsli mit Vollkornzwieback (Seite 25)
- 1. Zwischenmahlzeit: Brötchen mit Hüttenkäse und Tomate (Seite 22)
- 2. Zwischenmahlzeit: Bohnen-Käse-Salat (Seite 35)
- Abendessen: Gratinierte Zucchini-Puten-Spieße und Toast (Seite 44)

Freitag
Insgesamt: 1660 kcal / 46 g Fett / 25% Fettkalorien
- Frühstück: Weintraubenmüsli (Seite 27)
- 1. Zwischenmahlzeit: 2 kernige Brezeln (Seite 24)
- 2. Zwischenmahlzeit: Kartoffelsalat mit Sprossen (Seite 38)
- Abendessen: Überbackener Kabeljau mit Lauchnudeln (Seite 53)

Samstag
Insgesamt: 1880 kcal / 45 g Fett / 22% Fettkalorien
- Frühstück: Honig-Nuss-Müsli (Seite 26)
- 1. Zwischenmahlzeit: Brötchen mit Avocadocreme (Seite 22)
- Mittagessen: Scheiterhaufen mit Kirschkompott (Seite 68)
- Abendessen: Gebratene Schinkennudeln (Seite 48)

Sonntag
Insgesamt: 2000 kcal / 57 g Fett / 26% Fettkalorien
- Frühstück: Brötchen mit Camembert (Seite 22)
- Zwischenmahlzeit: Orangen-Quark-Creme (Seite 30)
- Mittagessen: Putenpilaw (Seite 56) Tomaten-Brot-Suppe (Seite 42)
- Abendessen: 2 Stück Torta Verde (Seite 66), zum Dessert Birnen-Apfelsalat (Seite 68)

Hinweise zu den Rezepten

Portionsgrößen
Die Mengenangaben der Rezepte beziehen sich bei den Frühstücksideen und den kleinen Gerichten für die Mittagspause auf 1 Person bzw. 1 Stück. Die Feierabend- und Wochenendgerichte sind für 2 Personen gedacht.

Zubereitungszeiten
Hier steht die Zeit, die Sie benötigen, um das ganze Gericht zuzubereiten. Sollten dabei längere Zeitspannen auftreten, in denen Sie nichts zu tun haben, so haben wir diese gesondert in Klammern als Back-, Quell-, Kühlzeit usw. aufgeführt.

Kalorien- und Nährwertangaben
Sie beziehen sich immer auf 1 Portion des Gerichts. Die Prozentangabe steht für Fettkalorienprozent

Zutatenmengen
Wenn nicht anders angegeben, gehen wir bei Obst und Gemüse von ungeputzter Rohware aus. Bei Stückangaben (z B. 1 Zucchini) beziehen wir uns auf ein Stück mittlerer Größe.

Backofentemperaturen
Sie beziehen sich auf den Elektroherd mit Ober- und Unterhitze. Wenn Sie mit Umluft arbeiten, reduzieren Sie die Temperatur um 20%. Die Backzeit bleibt gleich.

Die Abkürzungen

TL	=	Teelöffel (gestrichen)
EL	=	Esslöffel (gestrichen)
Msp.	=	Messerspitze
getr.	=	getrocknet
g	=	Gramm (1000 g = 1 kg)
kg	=	Kilogramm
ml	=	Milliliter (1000 ml = 1 l)
l	=	Liter
kcal	=	Kilokalorien (oder einfach: Kalorien)
i.Tr.	=	in Trockenmasse
ca.	=	circa
°C	=	Grad Celsius
TK-	=	Tiefkühl...
Ø	=	Durchmesser
Min.	=	Minuten
Std.	=	Stunde(n)
cm	=	Zentimeter

Rezepte

Neue Energie tanken für den Berufsalltag und gleichzeitig figurbewusst genießen: Dies versprechen die leckeren LOW FETT 30-Rezepte auf den folgenden Seiten.

Frühstücksideen

Brötchen mit Hüttenkäse und Tomate

Für 1 Person
Zubereitungszeit: ca. 5 Minuten
ca. 270 kcal · 5 g Fett · 17 %

1½ Mehrkornbrötchen
1 TL Halbfettmargarine
6 Blätter Kopfsalat
2 EL Hüttenkäse (20 % Fett i. Tr.)
1 Tomate
schwarzer Pfeffer
etwas Jodsalz
etwas gehackten Schnittlauch

1. Die Brötchen aufschneiden. Die Hälften mit Margarine bestreichen und anschießend auf jede Hälfte 2 Salatblätter legen.
2. Den Hüttenkäse auf den Brötchen verteilen.
3. Die Tomate in Scheiben schneiden, auf den Hüttenkäse legen und mit Pfeffer, Salz und Schnittlauch bestreuen.

Brötchen mit Camembert

Für 1 Person
Zubereitungszeit: ca. 5 Minuten
ca. 260 kcal · 7 g Fett · 24 %

1½ Fünfkorn-Vollkornbrötchen
1 TL Halbfettmargarine
einige Salatblätter
30 g Camembert (30 % Fett i. Tr.)
1 Tomate

1. Die Vollkornbrötchen halbieren und mit der Halbfettmargarine bestreichen.
2. Die Salatblätter auf die Brötchenhälften legen. Den in sehr dünne Scheiben geschnittenen Camembert darauf verteilen.
3. Die Tomate in Scheiben schneiden und die Brötchen damit garnieren.

Brötchen mit Avocadocreme

Für 1 Person
Zubereitungszeit: ca. 10 Minuten
ca. 340 kcal · 11 g Fett · 29 %

40 g reife Avocado
1 TL Zitronensaft
etwas Kräutersalz
etwas Pfeffer
2 Vollkornbrötchen
4 Salatblätter
2 EL frische Sprossen

1. Die Avocado schälen und mit einer Gabel zerdrücken. Das Püree mit dem Zitronensaft verrühren, mit Kräutersalz und Pfeffer abschmecken.
2. Die Brötchen aufschneiden. Die vier Hälften mit etwas Avocadocreme bestreichen und mit je 1 gewaschenen Salatblatt belegen. Die restliche Avocadocreme darauf geben.
3. Die Sprossen mit heißem Wasser abspülen, abtropfen lassen und auf der Creme verteilen.
(auf dem Foto)

Tipp
Avocados sind reif, wenn sie auf Druck leicht nachgeben.

Happy-Morning-Müsli

Für 1 Person
Zubereitungszeit: ca. 10 Minuten
Zeit zum Quellen: ca. ½ Std.
ca. 420 kcal · 9 g Fett · 19 %

200 g Kefir (1,5 % Fett)
1 EL flüssiger Honig
1 kleiner Apfel
1 EL Rosinen
1 EL geschroteter Leinsamen
1 EL kernige Haferflocken
1 TL gehackte Hasel- oder Walnüsse
1 EL Knusperflocken

1. Den Kefir und den Honig in eine Schüssel geben und mit einer Gabel oder einem Schneebesen verrühren.
2. Den Apfel waschen, halbieren und vom Stielansatz sowie Kerngehäuse befreien. Das Fruchtfleisch raspeln.
3. Apfelraspel, Rosinen, Leinsamen, Haferflocken und Nüsse zum Kefir geben. Alles gut durchmischen. Zudecken und etwa ½ Stunde quellen lassen.
4. Das Müsli mit den Knusperflocken bestreuen.

Vollkornbrot mit Quark und Gurke

Für 1 Person
Zubereitungszeit: ca. 5 Minuten
ca. 180 kcal · 2 g Fett · 10 %

20 g Magerquark
1 EL Milch (1,5 % Fett)
etwas schwarzer Pfeffer
etwas Jodsalz
50 g Salatgurke
½ TL Halbfettmargarine
2 Scheiben Roggenvollkornbrot
etwas gehackte Petersilie oder gehackter Schnittlauch

1. Den Quark und die Milch miteinander verrühren, Pfeffer und Salz nach Belieben hinzugeben.
2. Die geschälte Salatgurke in dünne Scheiben raspeln.
3. Die Margarine auf das Brot streichen, anschließend den Quark auf den Brotscheiben verteilen und die Salatgurke darüber streuen. Mit Petersilie oder Schnittlauch garnieren.

Kernige Brezeln

Für 10 Stück
Zubereitungszeit: ca. 20 Minuten
Ruhezeit: ca. 45 Minuten
Backzeit: ca. 15 Minuten
pro Stück ca. 180 kcal · 6 g Fett · 30 %

1 Packung TK-Hefeteig á 450 g (= 10 Scheiben), z.B. von Koopmans
1 frisches Eigelb
1 EL Kondensmilch
je 25 g Kürbiskerne, Mohn, Sesamsaat oder Sonnenblumenkerne zum Bestreuen

1. Den Hefeteig nach Packungsanweisung auftauen, kneten und etwa 30 Minuten gehen lassen.
2. Anschließend den Teig in zehn Portionen teilen, jeweils zu einer langen Rolle und diese zu einer Brezel formen.
3. Eigelb und Kondensmilch verrühren und die Brezeln damit bestreichen.
4. Dann die Brezeln mit der bestrichenen Seite in Kürbiskerne, Mohn, Sesamsaat oder Sonnenblumenkerne drücken. Auf ein Backblech legen und 15 Minuten gehen lassen.
5. Im vorgeheizten Backofen bei 200 °C (Gas Stufe 3) circa 15 Minuten backen.

Kernige Brezeln

Fruchtiges Müsli mit Vollkornzwieback

Für 1 Person
Zubereitungszeit: ca. 10 Minuten
ca. 340 kcal · 7 g Fett · 19 %

2 Stück Vollkornzwieback à 20 g
150 ml Milch (1,5 % Fett)
1 EL Jogurt (1,5 % Fett)
½ Banane
½ Apfel
50 g Erdbeeren (wahlweise auch andere Beeren)

1. Den Vollkornzwieback zerbröseln und in eine Schüssel geben. Die Milch und den Jogurt unterrühren.
2. Die Banane und den Apfel schälen und halbieren. Die Banane zerdrücken und den Apfel reiben und zum Müsli hinzugeben.
3. Die Erdbeeren halbieren oder vierteln und unter das Müsli rühren.

Brötchen mit Quark und Erdbeerkonfitüre

Für 1 Person
Zubereitungszeit: ca. 5 Minuten
ca. 270 kcal · 1 g Fett · 3 %

1½ Vollkornbrötchen
30 g Magerquark
3 TL Erdbeerkonfitüre

1. Die Brötchen in Hälften teilen und mit dem Quark bestreichen.
2. Auf jedes halbe Brötchen einen Klecks Konfitüre geben und gleichmäßig verteilen.

Leckeres Früchtemüsli

Für 1 Person
Zubereitungszeit: ca. 10 Minuten
ca. 335 kcal · 4 g Fett · 11 %

½ Banane
½ großer Apfel
½ Birne
½ Kiwi
10 g getrocknete Rosinen
30 g Vollkornhaferflocken
25 ml Milch (1,5 % Fett)
½ TL Honig
50 g Jogurt (1,5 % Fett)

1. Die Banane, den Apfel, die Birne und die Kiwi schälen und halbieren. Alle Früchte in kleine Stücke schneiden und in eine Schüssel geben.
2. Die Rosinen und die Haferflocken darüber streuen.
3. Die Milch und den Honig unter den Jogurt rühren. Die Früchte und die Haferflocken mit dem Jogurt vermischen.

Bananen-Zimt-Quark

Für 1 Person
Zubereitungszeit: ca. ¼ Std.
ca. 270 kcal · 1 g Fett · 3 %

1 große Banane
1 TL Zitronensaft
100 g Magerquark
2 EL Milch (1,5 % Fett)
1 TL Zucker
1 TL Vanillezucker
½ TL Zimt

1. Die Banane schälen, in eine Rührschüssel geben und den Zitronensaft hinzufügen. Die Banane mit dem Mixer oder dem Pürierstab pürieren.
2. Den Quark in eine Schüssel geben, die Milch hinzufügen und cremig rühren.
3. Das Bananenpüree unter den Quark geben, Zucker, Vanillezucker und Zimt hinzufügen und alles gut verschlagen.

Honig-Nuss-Müsli

Für 1 Person
Zubereitungszeit: ca. 10 Minuten
ca. 340 kcal · 3 g Fett · 8 %

2 Uncle Ben's Knusperreis-Scheiben „Honig-Nuss"
1 Nektarine
½ Apfel
150 g Jogurt (1,5 % Fett)
1 TL Zucker
1 Msp. Zimt

1. Die Knusperreis-Scheiben in kleine Stücke brechen und in eine Schale geben.
2. Anschließend die Nektarine und den halben Apfel waschen. Beides vierteln, Kern bzw. Kerngehäuse entfernen und das Fruchtfleisch würfeln.
3. Nun die Fruchtwürfel mit den Knusperreisstücken vermischen.
4. Den Jogurt mit Zucker und Zimt verrühren und direkt vor dem Verzehr über das Honig-Nuss-Müsli geben.

Weintraubenmüsli

Für 1 Person
Zubereitungszeit: ca. 1/4 Std.
ca. 450 kcal · 9 g Fett · 18 %

125 g Weintrauben
1 kleine Birne
1 frische Aprikose
1 EL Zitronensaft
200 g Kefir oder Dickmilch (1,5 % Fett)
1 EL flüssiger Honig
2 EL kernige Haferflocken
1 TL gehackte Nüsse

1. Das Obst waschen und abtropfen lassen.
2. Die Weintrauben halbieren und entkernen.
3. Die Birne von Stielansatz sowie Kerngehäuse befreien und das Fruchtfleisch grob raspeln oder würfeln.
4. Die Aprikose entkernen und in Schnitze schneiden.
5. Die Früchte in eine verschließbare Schüssel geben, mischen und schnell mit Zitronensaft beträufeln, damit die Birne nicht braun wird.
6. Kefir oder Dickmilch in einem Schälchen mit Honig und Haferflocken verquirlen. Über das Obst geben und alles mit den gehackten Nüssen bestreuen.

Obstsalat

Für 1 Person
Zubereitungszeit: ca. 1/4 Std.
Kühlzeit: ca. 1/2 Std.
ca. 190 kcal · 6 g Fett · 28 %

100 g Ananas aus der Dose
je 1/4 Apfel und 1/4 Birne
1 EL Zitronensaft
1/2 Banane
1/2 Kiwi
je 1 TL geröstete Kokosflocken und Sonnenblumenkerne

1. Ananas aus der Dose nehmen und abtropfen lassen. Die Scheiben vierteln und in eine Schüssel geben.
2. Apfel und Birne entkernen, würfeln und daruntermischen. Mit Zitronensaft beträufeln.
3. Die Banane und die Kiwi schälen, in feine Scheiben schneiden und vorsichtig unter das übrige Obst mischen.
4. Das Obst in eine Schüssel geben und in den Kühlschrank stellen. Die Kokosflocken und die Sonnenblumenkerne kurz vor dem Essen über den Obstsalat streuen.

Für die Mittagspause

Pikantes Sprossensandwich

Für 1 Person
Zubereitungszeit: ca. ½ Std.
ca. 330 kcal · 10 g Fett · 27 %

1 Ei
1 Vollkornstange oder -Brötchen
2 TL Schmelzkäse
1 kleine feste Tomate
1 EL Schnittlauchröllchen
75 g Quark (20 % Fett i.Tr.)
1 EL Milch
Salz
weißer Pfeffer
½ – 1 TL Currypulver
ca. 3 EL frische Sprossen (z.B. Alfalfa, Adzuki- und Mungobohnen)

1. Etwas Wasser in einem kleinen Topf aufkochen. Das Ei anstechen und darin in etwa 8 Minuten hartkochen. In der Zwischenzeit die Vollkornstange oder das Brötchen halbieren und dünn mit Schmelzkäse bestreichen.
2. Die Tomate waschen, halbieren, entkernen und den Stielansatz herausschneiden. Das Fruchtfleisch sehr klein würfeln. Den Schnittlauch und die Tomate mit dem Quark und der Milch verrühren. Das Ganze mit Salz, Pfeffer und dem Currypulver pikant abschmecken. Das Ei aus dem Wasser nehmen und gut abschrecken.
3. Die untere Hälfte der Vollkornstange oder des Brötchens mit dem Quark bestreichen. Die Sprossen verlesen, in einem Sieb ganz kurz abspülen und gut abtropfen lassen. Sie danach auf dem Quark verteilen. Das Ei schälen, in Scheiben schneiden und auf die Sprossen legen. Die obere Brötchenhälfte darauflegen.

Pumpernickel mit Paprikaquark

Für 1 Person
Zubereitungszeit: ca. ¼ Std.
ca. 280 kcal · 4 g Fett · 13 %

2 EL Milch (1,5 % Fett)
150 g Magerquark
etwas schwarzer Pfeffer und Jodsalz
etwas gehackte Petersilie
etwas gehackter Schnittlauch
½ rote oder grüne Paprikaschote
4 Scheiben Pumpernickel
1 TL Diätmargarine
4 große Blätter Eisbergsalat

1. Die Milch unter den Quark rühren. Den Pfeffer, das Salz und die Kräuter hinzugeben und verrühren.
2. Die Paprika waschen, säubern und sehr klein schneiden und unter den Quark geben.
3. Den Pumpernickel mit der Margarine bestreichen und die Salatblätter auf die Scheiben verteilen.
4. Den Quark auf die Brotscheiben streichen.

Grünkernburger

Grünkernburger

Für 1 Person
Zubereitungszeit: ca. ¾ Std.
ca. 620 kcal · 20 g Fett · 29 %

1 kleine Zwiebel
2 TL Öl
80 g Grünkernschrot
150 ml Gemüsebrühe (aus Instantpulver)
1 TL getr. Thymian
1 kleines Ei
2 EL Semmelbrösel
Salz
schwarzer Pfeffer
1 Vollkornbrötchen

1. Die Zwiebel schälen und in kleine Würfel schneiden.
1 Teelöffel Öl in einem kleinen Topf leicht erhitzen und die Zwiebelwürfel darin glasig werden lassen.
2. Den Grünkernschrot in den Topf geben und ihn unter Rühren leicht anrösten. Anschließend die Brühe dazugießen. Den Schrot im geschlossenen Topf bei ganz schwacher Hitze in etwa 15 Minuten ausquellen lassen.
3. Den Topf von der Kochstelle ziehen und den Schrot etwas abkühlen lassen. Das Ei in einer Tasse verquirlen und mit den Semmelbröseln unter den Schrot rühren. Das Ganze mit etwas Salz und Pfeffer kräftig würzen.
4. Das restliche Öl in einer Pfanne erhitzen. Aus der Grünkernmasse 3 kleine Burger formen und diese in der Pfanne bei mittlerer Hitze etwa 10 Minuten braten. Sie zwischendurch vorsichtig wenden.

Tipp
Die Burger können auch sehr gut eingefroren und so mindestens 3 Monate aufbewahrt werden.

Feigen-Nuss-Reis

Für 1 Person
Zubereitungszeit: ca. ¾ Std.
Zeit zum Abkühlen: ca. 10 Minuten
ca. 520 kcal · 12 g Fett · 21 %

60 g Rundkorn-Naturreis
2 EL Quark (20 % Fett i. Tr.)
1 EL Jogurt
1 EL gemahlene Haselnüsse
1 EL Zucker
1 frische Feige
½ Banane

1. In einem Topf 200 ml Wasser aufkochen, den Reis hineinstreuen und in etwa 40 Minuten zugedeckt bei kleiner Hitze ausquellen lassen. Eventuell zwischendurch etwas Wasser dazugeben. Anschließend den gegarten Reis abkühlen lassen.
2. Den Quark mit dem Jogurt, den gemahlenen Nüssen und dem Zucker verrühren und unter den Reis mischen. Den Reis in ein verschließbares Gefäß füllen.
3. Feige schälen und achteln. Banane schälen und in dünne Scheiben schneiden. Feigenachtel und Bananenscheiben auf dem Reis verteilen.

Tipp
Gekochter Reis hält sich im Kühlschrank einige Tage. Sie können also mehr Reis kochen und daraus an einem anderen Tag z.B. einen Reissalat zubereiten.

Orangen-Quark-Creme

Für 1 Person
Zubereitungszeit: ca. 20 Minuten
Kühlzeit: mind. 30 Minuten
ca. 300 kcal · 9 g Fett · 27 %

2 unbehandelte Orangen
1 gestrichener TL Agar-Agar-Pulver
2 EL saure Sahne
1 EL Zitronensaft
1 – 2 TL Zucker
100 g Speisequark (20 % Fett i. Tr.)
1 TL gehackte, ungesalzene Pistazienkerne

1. Von einer Orange ½ Teelöffel Schale abreiben. Die Orange auspressen. Die andere Orange schälen und in Würfel schneiden.
2. Das Agar-Agar-Pulver in einem kleinen Topf mit der Hälfte des Orangensaftes verrühren.
3. Den restlichen Orangensaft mit saurer Sahne, Zitronensaft, Zucker, Orangenschale und Quark verrühren.
4. Den Saft mit dem Agar-Agar bis kurz vor dem Kochen erhitzen dann mit einem Schneebesen unter kräftigem Rühren zu dem Orangenquark geben.
5. Die Orangenwürfel darunterrühren und den Quark für mindestens 30 Minuten kalt stellen. Mit den Pistazien bestreuen.

Flakes mit Aprikosenquark und Erdbeeren

Für 1 Person
Zubereitungszeit: ca. 10 Minuten
ca 310 kcal · 2 g Fett · 6 %

3 Aprikosen
125 g Magerquark
1 TL Zitronensaft
½ TL Zucker
2 EL Milch (1,5 % Fett)
ein paar Erdbeeren oder Himbeeren
40 g Kellogg's All-Bran Flakes

1. Zwei entsteinte Aprikosen zusammen mit dem Quark, dem Zitronensaft, dem Zucker und der Milch pürieren.
2. Die dritte Aprikose und die Erdbeeren klein schneiden. Den Aprikosenquark in ein Schälchen geben.
3. Anschließend die Kellogg's All-Bran Flakes, die Aprikosen und die Erdbeeren darauf verteilen.
(auf dem Foto)

Tipp
Aus Angst vor zu viel Kalorien verzichten manche auf das Frühstück. Eine Folge können Heißhungerattacken am Vormittag oder kurz vor dem Mittagessen sein. Deshalb ist es besser, sich jeden Morgen ein wenig Zeit für ein Frühstück zu nehmen und z.B. mit Müsli in den Tag zu starten.

Panzanella

Für 1 Person
Zubereitungszeit: ca. 25 Minuten
ca. 390 kcal · 12 g Fett · 28 %

120 g altbackenes Brot (siehe Tipp)
Salz
2 EL Rotweinessig
2 TL Olivenöl, kaltgepresst
1 Knoblauchzehe
1 mittelgroße, rote Zwiebel
4 Basilikumblätter
etwas schwarzen Pfeffer aus der Mühle
1 reife, feste Tomate

1. Das Brot grob in Scheiben schneiden, in eine Schüssel geben und in kaltem Wasser 10 bis 15 Minuten einweichen.
2. Inzwischen etwas Salz mit dem Essig verrühren. Das Olivenöl nach und nach darunter rühren. Den Knoblauch schälen und durch die Presse dazudrücken.
3. Die Zwiebel schälen und in Ringe schneiden. Das Basilikum waschen und trockentupfen. Kleine Basilikumblätter ganz belassen, größere von Hand grob zerrupfen.
4. Das Brot nun auspressen, von Hand zerzupfen und in eine Schüssel geben.
5. Die Zwiebelringe und das Basilikum unter die Brotstücke heben. Die Mischung mit der Essigsauce übergießen und alles gut miteinander vermengen. Den Brotsalat kräftig mit Pfeffer aus der Mühle abschmecken.
6. Die Tomate waschen, sechsteln oder achteln. Die Stücke leicht salzen und den Salat damit garnieren.

Tipp
Sie können weißes Landbrot, Misch- oder Schwarzbrot nehmen. Dunkles Fladenbrot schmeckt ebenfalls ausgezeichnet in diesem Brotsalat.

Fladensandwich

Für 1 Person
Zubereitungszeit: ca. ¼ Std.
ca. 570 kcal · 4 g Fett · 6 %

½ kleines Fladenbrot
2 TL Frischkäse Magerstufe
2 große Salatblätter
2 EL Quark
1 EL Milch (1,5 % Fett)
2 Pflaumen, getrocknet
2 EL Kresse
1 Scheibe gekochter Schinken
Salz
frisch gemahlener weißer Pfeffer
4 Scheiben Salatgurke

1. Das halbe Fladenbrot halbieren und so aushöhlen, dass eine Tasche entsteht. Mit Frischkäse ausstreichen und zwei Salatblätter hineinlegen.
2. Den Quark mit der Milch glatt rühren. Die Pflaumen in Streifen schneiden. Die Pflaumenstreifen mit der Kresse unter den Quark mischen.
3. Den Schinken fein würfeln und unter den Quark rühren. Mit Salz und Pfeffer abschmecken.
4. Das Fladenbrot mit dem Quark füllen. Die Gurkenscheiben halbieren, dazustecken und das Fladenbrot schließen.

Müsliriegel

Müsliriegel

Für 10 Stück
Zubereitungszeit: ca. 20 Minuten
Backzeit: ca. 15 Minuten
Zeit zum Abkühlen: ca. ½ Std.
pro Stück ca. 120 kcal · 4 g · 30 %

3 getrocknete Feigen
30 g Butter
90 g fester Honig
120 g Haferflocken
1 EL Kokosraspel
1 TL gehackte Mandeln

1. Den Backofen auf 150 °C vorheizen. Die Feigen in kleine Würfel schneiden.

2. Die Butter und den Honig in einer Pfanne unter Rühren schmelzen. Haferflocken, Kokosraspel und Mandeln dazugeben und alles unter Rühren anrösten.

3. Die Feigen unter die Masse rühren. Ein Backblech mit Backpapier auslegen und die Masse etwa 20 x 20 cm groß darauf streichen. Sie mit einer Palette flachdrücken und im Backofen auf der mittleren Schiene etwa 15 Minuten backen.

4. Das Gebäck anschließend etwa 30 Minuten mit dem Backpapier auf einem Rost abkühlen lassen. Es dann mit einem scharfen Messer in 10 Riegel schneiden. Das Backpapier entfernen und die Riegel auf dem Rost abkühlen und nachhärten lassen.

5. Die Riegel dann in eine gut verschließbare Dose verpacken. Dabei zwischen die Lagen Butterbrotpapier legen.

Tipp

Sie können die Müsliriegel in der Dose mehrere Wochen aufheben.

Wildreissalat

Für 1 Person
Zubereitungszeit: ca. 1 Std.
Zeit zum Durchziehen: ½ Std.
ca. 620 kcal ·20 g Fett · 29 %

75 g wilder Reis
Salz
75 g TK-Erbsen
je ½ gelbe und rote Paprikaschote
75 g geräucherte Putenbrust
2 TL Essig
schwarzer Pfeffer
3 TL Distelöl
1 cm Ingwerknolle
einige Zweige Koriandergrün

1. Den Reis in einem Sieb mit lauwarmem Wasser so lange abspülen bis das Wasser klar abfließt. Ihn abtropfen lassen und zusammen mit 350 ml Salzwasser in einen großen Topf geben. Den Reis zum Kochen bringen und bei schwacher Hitze 40 bis 45 Minuten kochen lassen, bis er bissfest, aber nicht weich ist.
2. Die Erbsen in sprudelnd kochendes Wasser geben und in etwa 8 Minuten garen. Sie kalt abschrecken, gut abtropfen und abkühlen lassen.
3. Die Paprikaschoten putzen, waschen, trockenreiben, halbieren, entkernen und in ganz dünne Stifte schneiden. Die Putenbrust in feine Streifen schneiden. Alle vorbereiteten Salatzutaten vermischen.
4. Den Essig mit etwas Salz und Pfeffer in einer kleinen Schüssel verrühren. Das Öl darunterschlagen. Die Ingwerknolle schälen, sehr fein hacken und unter die Salatsauce rühren. Die Sauce auf den Salat träufeln und vorsichtig darunter heben. Den Salat einige Minuten durchziehen lassen.
5. Inzwischen den Koriander unter fließend kaltem Wasser abspülen, trockenschütteln und die Blätter von den Stielen zupfen. Die Blätter fein hacken und vor dem Servieren auf den Salat streuen.

Tipp
Wilder Reis ist der Samen eines Wildgetreides, der vor allem von den Indianern in den USA geerntet wird. Er hat einen feinen, nussigen Geschmack und benötigt eine wesentlich längere Kochzeit als weißer Reis. Wilder Reis ist sehr teuer. Preiswerter wird es, wenn Sie für den Salat die gleiche Menge einer fertigen Reismischung von Langkorn und wildem Reis nehmen.

Chinakohlsalat

Für 1 Person
Zubereitungszeit: ca. 20 Minuten
ca. 260 kcal · 8 g Fett · 28 %

125 g Chinakohl
1 kleiner roter Apfel
etwas Zitronensaft
1 TL gehackte Walnusskerne
2 EL Jogurt (1,5 % Fett)
Saft von ½ Zitrone
je 1 Prise Salz und Zucker
½ TL Walnussöl
1 Vollkornbrötchen

1. Den Chinakohl fein schneiden. Den Apfel halbieren, entkernen, in feine Spalten schneiden und mit Zitronensaft beträufeln. Die Apfelspalten und die Walnüsse unter den Chinakohl mischen.
2. Aus den übrigen Zutaten eine Sauce rühren, unter den Salat mischen und durchziehen lassen.
3. Mit einem Vollkornbrötchen genießen.

Tipp
Der Chinakohlsalat schmeckt auch am nächsten Tag noch knackig frisch.
Den Salat können Sie deshalb am Tag vorher zubereiten.

Karottenrohkost mit Meerrettich

Für 1 Person
Zubereitungszeit: ca. ¼ Std.
ca. 260 kcal · 7 g Fett · 25 %

3 Karotten
2 TL Meerrettich aus dem Glas
1 TL Senf
1 TL Öl
1 EL Kräuteressig
Salz
1 Prise Zucker
75 g Jogurt (1,5 % Fett)
1 TL Schnittlauchröllchen
1 Brötchen (z.B. Vollkorn)

1. Die Karotten schälen, fein raspeln und mit dem Meerrettich mischen.
2. Aus Senf, Öl, Essig, Salz, Zucker und Jogurt eine Marinade rühren und diese über die Karotten geben.
3. Den Salat mischen und mit dem Schnittlauch bestreuen. Mit Brötchen zum Beispiel aus Vollkorn genießen.

Bohnen-Käse-Salat

Für 1 Person
Zubereitungszeit: ca. 40 Minuten
ca. 510 kcal · 17 g Fett · 30 %

200 g frische grüne Bohnen (z.B. Prinzess- oder Bobbybohnen)
etwas Meersalz
¼ Kopf Eichblattsalat
¼ Kopf Radicchio
30 g Appenzeller am Stück
1 – 2 Tomaten
½ Bund Estragon
1 Schalotte
1 TL Tomatenmark
2 EL Rotweinessig
1 TL Senf
1 TL Zucker
etwas Pfeffer aus der Mühle
1 TL Olivenöl
4 Estragonblätter

1. Die Bohnen putzen, waschen, in etwa 5 cm lange Stücke schneiden und in reichlich kochendem Salzwasser in 2 bis 3 Minuten bissfest kochen. Die Bohnen durch ein Sieb abgießen und eiskalt abschrecken.
2. Den Eichblattsalat und den Radicchio putzen. Die einzelnen Blätter waschen und gut abtropfen lassen. Strunkansätze und feste Blattrippen herausschneiden.
3. Den Appenzeller entrinden, zunächst in etwa 3 mm dünne Scheiben und dann in schmale Streifen schneiden. Die Tomaten einritzen, von den Stielansätzen befreien, in kochendem Wasser kurz überbrühen, kalt abschrecken und enthäuten. Sie dann halbieren, entkernen und in schmale Streifen schneiden.
4. Den Estragon waschen und trockentupfen, die Blätter abzupfen und fein hacken. Die Schalotte schälen und ebenfalls fein hacken.
5. Estragon und Schalotte in eine Schüssel geben und zusammen mit dem Tomatenmark, dem Essig und dem Senf verrühren. Dann das Ganze mit etwas Salz, dem Zucker und Pfeffer abschmecken und das Olivenöl darunterschlagen.
6. Die Bohnen, die Käse- und die Tomatenstreifen zum Dressing geben und damit anmachen.
7. Die Salatblätter auf Teller legen, den Bohnensalat darauf anrichten und anschließend alles mit den Estragonblättern garnieren.

Tortellinisalat

Für 1 Person
Zubereitungszeit: ca. ¼ Std.
ca. 520 kcal · 18 g Fett · 28 %

200 g Tortellini mit vegetarischer Füllung aus dem Kühlregal
1 kleine Fenchelknolle
1 Tomate
½ Zwiebel
2 Blätter Salat
1 EL Italian Dressing
1 EL Jogurt (1,5 % Fett)
2 schwarze Oliven
Basilikumblättchen

1. Tortellini in reichlich Salzwasser 2 Minuten kochen. Abgießen, kalt abschrecken und abtropfen lassen.
2. Fenchelknolle in Spalten schneiden, Tomate und Zwiebel würfeln und mit den Tortellini mischen. Auf Blattsalat geben. Mit der Mischung aus Jogurt und Italian Dressing begießen. Die Oliven in Schneiben schneiden und mit Basilikumblättchen garnieren.

Griechischer Gurkenjogurt

Für 1 Person
Zubereitungszeit: ca. 10 Minuten
ca. 280 kcal · 8 g Fett · 26 %

1 Knoblauchzehe
wenig Meersalz
25 g Magerquark
50 g Jogurt (1,5 % Fett)
frisch gemahlener Pfeffer
½ EL Sonnenblumenöl
etwas Obstessig
¼ Salatgurke
1 EL gehackter Dill
75 g Fladenbrot

1. Die Knoblauchzehe schälen und mit wenig Salz zerdrücken. Mit dem Quark und dem Jogurt verrühren.
2. Die Jogurtspeise mit wenig Salz, Pfeffer, Öl und Essig pikant abschmecken.
3. Von der geschälten Gurke einige Scheiben zum Garnieren beiseite legen. Die restliche Gurke auf der groben Gemüsereibe sofort in die Jogurtspeise raspeln.
4. Den Dill darunterheben und den Jogurt mit den Gurkenscheiben garnieren.
5. Mit Fladenbrot servieren.

Knusprige Frühlingstaler

Für 1 Person
Zubereitungszeit: ca. 10 Minuten
ca 210 kcal · 5 g Fett · 21 %

1 EL Pinienkerne
5 Radieschen
100 g Quark
1 EL Milch (1,5 % Fett)
etwas Salz
etwas weißer Pfeffer aus der Mühle
2 TL gehackte Petersilie
2 Uncle Ben's Knusperreis-Scheiben „Käse"

1. Die Pinienkerne in einer beschichteten Pfanne ohne Fett goldgelb rösten.
2. Anschließend die Radieschen putzen, waschen und würfeln.
3. Den Quark mit Milch, Salz, Pfeffer, Petersilie und Radieschenwürfeln verrühren.
4. Die Uncle Ben's Knusperreis-Scheiben auf einen Teller legen, die Quarkmasse darauf verteilen und mit gerösteten Pinienkernen bestreuen. Die Frühlingstaler nach Wunsch mit Salatblättern garnieren.

Tipp
Käseliebhaber können noch geriebenen Gouda unter den Quark mischen.

Knusprige Frühlingstaler

Salat mit Hähnchen und Avocado

Für 1 Person
Zubereitungszeit: ca. ½ Std.
ca. 640 kcal · 20 g Fett · 28 %

Für den Salat:
1 TL Sonnenblumenöl
1 Hähnchenbrustfilet (ca. 150 g)
6 – 8 Salatblätter
1 kleine Paprikaschote
100 g Kirschtomaten
60 g Avocado
2 TL Zitronensaft

Für die Sauce:
3 EL Jogurt (1,5 % Fett)
1 EL Zitronensaft
2 EL gehackte Petersilie
½ TL Kräutersalz
etwas Pfeffer
2 Vollkornbrötchen

1. Das Öl in einer Pfanne erhitzen und das Hähnchenbrustfilet darin bei starker Hitze kurz auf beiden Seiten braun anbraten. Dann die Hitze reduzieren und das Fleisch zugedeckt auf jeder Seite 5 bis 7 Minuten garen. Es anschließend abkühlen lassen.
2. Inzwischen die Salatblätter verlesen, waschen und trockenschleudern. Die Paprikaschote waschen, vierteln, putzen, entkernen und in Streifen schneiden. Die Tomaten waschen und vierteln.
3. Dann die Avocado schälen und in Scheiben schneiden. Diese mit dem Zitronensaft beträufeln.
4. Den Jogurt mit Zitronensaft, Petersilie, Kräutersalz und Pfeffer verrühren. In ein verschließbares Gefäß geben.
5. Die Salatblätter zerpflücken und in ein verschließbares Gefäß geben. Das Hähnchenfilet in Streifen schneiden. Paprika, Tomaten, Avocado und das Fleisch auf dem Salat anrichten.
6. Kurz vor dem Verzehr die Jogurtsauce über den Salat geben.

Kartoffelsalat mit Sprossen

Für 1 Person
Zubereitungszeit: ca. 1 Std.
Zeit zum Durchziehen: ca. ½ Std.
ca. 360 kcal · 11 g Fett · 28,5 %

250 g fest kochende Kartoffeln
1 kleines Ei
250 ml Gemüsebrühe (aus Instantpulver)
1 EL Kräuteressig
Salz
schwarzer Pfeffer aus der Mühle
2 Frühlingszwiebeln
6 Radieschen
1 EL Sprossen (z.B. Alfalfa) aus dem Glas
1 TL Sonnenblumenkerne
3 EL Jogurt (1,5 % Fett)
1 TL Zitronensaft
1 TL mittelscharfer Senf

1. Die Kartoffeln 25 Minuten, das Ei 8 Minuten kochen. Beides schälen. Die Kartoffeln in Scheiben, das Ei in Viertel schneiden. Gemüsebrühe und Essig kurz aufkochen, mit Salz und Pfeffer würzen und über die Kartoffeln gießen. Das Ganze etwa ½ Stunde durchziehen lassen.
2. Inzwischen Frühlingszwiebeln in Ringe, Radieschen in kleine Würfel schneiden. Die Sprossen kurz mit kaltem Wasser abspülen und abtropfen lassen. Die Sonnenblumenkerne in einer Pfanne trocken rösten.
3. Jogurt, Zitronensaft und Senf verrühren und mit Salz und Pfeffer abschmecken. Kartoffeln, Frühlingszwiebeln, Radieschen und Sprossen unter die Sauce heben. Das Ganze mit Salz und Pfeffer abschmecken. Den Kartoffelsalat auf einem Teller anrichten und mit den Eiervierteln und den Sonnenblumenkernen garnieren.
(auf dem Foto)

Kartoffel-Apfel-Mais-Salat

Für 1 Person
Zubereitungszeit: ca. ¾ Std.
Zeit zum Durchziehen: ca. ½ Std.
ca. 240 kcal · 6 g Fett · 26 %

200 g fest kochende Kartoffeln
Salz
1 TL Schnittlauchröllchen
1 TL gehackter Dill
30 g Jogurt (0,3 % Fett)
1 EL saure Sahne (10 % Fett)
1 EL Tomatenmark
2 TL Olivenöl
1 Msp. scharfer Senf
schwarzer Pfeffer
1 Schalotte
1 Tomate
½ kleiner rotschaliger Apfel
1 TL Zitronensaft
1 EL Mais aus der Dose

1. Die Kartoffeln waschen und gründlich abbürsten. Etwa ½ l Salzwasser in einem Topf aufkochen lassen, die Kartoffeln hineingeben und sie darin zugedeckt in knapp 20 Minuten gar kochen.
2. Die gehackten Kräuter mit dem Jogurt, der sauren Sahne, dem Tomatenmark und dem Olivenöl verrühren. Das Ganze mit Senf, Salz und Pfeffer abschmecken.
3. Die Schalotte schälen und fein würfeln. Die Tomate waschen und in kleine Stücke schneiden. Den Apfel waschen, abreiben, vierteln und das Kerngehäuse herausschneiden. Das Fruchtfleisch danach klein würfeln und die Würfel sofort in dem Zitronensaft wenden.
4. Die Kartoffeln abschütten und danach etwas abkühlen lassen. Sie anschließend pellen und in recht dicke Scheiben schneiden. Die Kartoffelstücke vorsichtig mit den übrigen Zutaten für den Salat mischen. Das Ganze kräftig abschmecken und gut durchziehen lassen.

Tipp
Den frischen Salat am besten in einer gut verschließbaren Kunststoffdose mit zum Picknick oder an den Arbeitsplatz nehmen.

Vollkornnudelsalat

Für 1 Person
Zubereitungszeit: ca. ½ Std.
ca. 420 kcal · 13 g Fett · 28,5 %

75 g Vollkornnudeln (Hörnchen) ohne Ei
Meersalz
½ kleine Zwiebel
3 Radieschen
½ Apfel
2 TL Sonnenblumenöl, kaltgepresst
1 TL Weinessig
½ TL Senf
1 Msp. Zucker
schwarzer Pfeffer aus der Mühle
1 TL Sonnenblumenkerne
1 TL Schnittlauchröllchen

1. Die Nudeln in leicht gesalzenem Wasser nach Packungsanweisung gar kochen, abgießen und auskühlen lassen.

2. Die Zwiebel schälen und würfeln. Die Radieschen putzen, waschen und achteln. Den Apfel waschen, vom Kerngehäuse befreien und ebenfalls in kleine Würfel schneiden.
3. Aus Öl, Essig, etwas Wasser, Senf und dem Zucker eine Marinade zubereiten. Mit Salz und Pfeffer kräftig abschmecken.
4. Nudeln, Zwiebel, Radieschen und Apfel in eine Schüssel geben. Die Marinade darüber gießen. Nun alles vorsichtig mischen.
5. Die Sonnenblumenkerne in einer trockenen Pfanne leicht anrösten und zusammen mit den Schnittlauchröllchen über den Salat streuen.

Tipp
Anstelle von Sonnenblumenkernen können Sie den Salat auch mit trocken gerösteten Sesamsamen bestreuen, dann schmeckt er noch etwas würziger.

Salat aus frischen Champignons

Für 1 Person
Zubereitungszeit: ca. ¼ Std.
ca. 240 kcal · 8 g Fett · 29 %

200 g Champignons
½ Zwiebel
1 EL saure Sahne
1 TL Sonnenblumenöl
1 EL Zitronensaft
½ TL Honig
1 TL gehackte Petersilie
1 TL gehackten Kerbel
1 TL gehackten Schnittlauch
etwas schwarzer Pfeffer
etwas Jodsalz
1 Vollkornbrötchen

1. Die Champignons mit einem Tuch säubern und in dünne Scheiben schneiden.
2. Die Zwiebel schälen und fein zerhacken.
3. Die saure Sahne mit dem Sonnenblumenöl und dem Zitronensaft gut vermischen. Zwiebeln, Honig, Kräuter, Pfeffer und Salz hinzufügen und verrühren.
4. Das Dressing über die Champignons geben, gut vermischen und servieren.
5. Mit einem Vollkornbrötchen die Champignons genießen.

Reissalat

Reissalat

Für 1 Person
Zubereitungszeit: ca. ½ Std.
ca. 370 kcal · 7 g Fett · 17 %

50 g Vollkornreis
1 Msp. Salz
100 g Stangensellerie mit Grün
½ großer säuerlicher Apfel
etwas Zitronensaft
1 Pfirsich
1 EL Pinienkerne
oder Sonnenblumenkerne
100 ml Buttermilch
2 EL frisch gepresster
Orangensaft
schwarzer Pfeffer aus der
Mühle

1. Den Reis in reichlich kochendes Salzwasser geben und dann etwa 20 Minuten bei schwacher Hitze ausquellen lassen. Etwas Selleriegrün zum Garnieren beiseite legen. Den Sellerie klein schneiden und etwa 2 Minuten in wenig kochendem Wasser blanchieren. Ihn anschließend kalt abspülen und abtropfen lassen.
2. Die Apfelhälfte vierteln und das Kerngehäuse entfernen. Die Apfelviertel in dünne Scheiben schneiden und mit Zitronensaft beträufeln. Den Pfirsich halbieren, entkernen und in Spalten schneiden. Die Pinienkerne oder Sonnenblumenkerne in einer Pfanne trocken goldbraun rösten. Den gegarten Reis auf einem Sieb abtropfen lassen.
3. Die vorbereiteten Zutaten in einer Schüssel vorsichtig miteinander vermengen, auf einer Platte oder Tellern anrichten und mit dem Selleriegrün garnieren. Die Buttermilch und den Orangensaft verrühren, mit Salz und Pfeffer abschmecken und die Sauce über den Reissalat geben.

Tipp
Der Salat eignet sich hervorragend, wenn Sie Reste von Reis vom Vortag haben.

Leckeres für den Feierabend

Tomaten-Brot-Suppe

Für 2 Personen
Zubereitungszeit: ca. ½ Std.
ca. 520 kcal · 17 g Fett · 29 %

300 g altbackenes Brot
2 EL Olivenöl
2 Knoblauchzehen
400 g geschälte Tomaten (aus der Dose)
300 – 400 ml Fleischbrühe
½ EL Tomatenmark
1 EL gehackter Majoran
Salz
Pfeffer aus der Mühle
2 EL geriebener Hartkäse (30 % Fett i. Tr.)

1. Das Brot in kleine Würfel schneiden. Den Knoblauch schälen und die ganzen Zehen zusammen mit 1 Esslöffel Öl in einen Topf geben. Den Knoblauch bei mittlerer Hitze goldgelb anbraten und danach aus dem Öl nehmen.
2. Die Tomaten in kleine Würfel schneiden und zusammen mit etwa drei Vierteln der Fleischbrühe, dem Tomatenmark, dem gehackten Majoran und etwas Salz im gleichen Topf aufkochen.
3. Die Brotwürfel und die restliche Brühe dazugeben. Die Suppe unter häufigem Rühren weiterkochen, bis das Brot aufgeweicht ist. Es dann mit einer Gabel zerpflücken. Wenn nötig, nach und nach etwas Wasser dazugießen. Die Suppe soll ziemlich dickflüssig sein.
4. Die Suppe in Teller geben und mit dem Pfeffer, dem Käse und dem restlichen Esslöffel Öl zum Abschmecken bei Tisch servieren.

Dinkelschrotsuppe

Für 2 Personen
Zubereitungszeit: ca. 20 Minuten
ca. 280 kcal · 8 g Fett · 25 %
Dazu passt Vollkornbrot

60 – 70 g Dinkel, grob geschrotet
1 TL Gemüsebrühe (aus Instantpulver)
Salz
schwarzer Pfeffer aus der Mühle
etwas frisch geriebene Muskatnuss
200 g gemischtes TK-Gemüse
2 TL Kresse
2 TL saure Sahne
2 Scheiben Vollkornbrot

1. Den Dinkelschrot in einem Topf kurz trocken anrösten. ½ Liter Wasser in den Topf geben und die Gemüsebrühe einrühren.
2. Das Tiefgekühl-Gemüse dazugeben.
3. Das Ganze aufkochen und etwa 15 Minuten weiterköcheln lassen.
4. Die Suppe etwas pürieren und mit Salz, Pfeffer und Muskatnuss abschmecken.
5. Mit saurer Sahne und Kresse garnieren.

Tipp

Wenn die Suppe dickflüssiger sein soll, können Sie dies leicht durch eine erhöhte Dinkelmenge erreichen.
Wenn Sie mittags größer Essen waren, ist diese leichte Suppe eine gute Abendmahlzeit.

Variation

Anstelle des Dinkels können Sie auch Grünkernschrot verwenden. Grünkern nennt man die unreif geernteten Körner des Dinkels, die gekocht leicht würzig schmecken.

Kohlrabisuppe

Kohlrabisuppe

Für 2 Personen
Zubereitungszeit: ca. ½ Std.
ca. 390 kcal · 13 g Fett · 30 %

2 Kohlrabi
2 Zwiebeln
1 Knoblauchzehe
1 TL Olivenöl, kaltgepresst
½ l Gemüsebrühe
2 EL saure Sahne
2 EL gehackte Petersilie
1 EL fein geschnittener Dill
etwas Kräutersalz
¼ TL geriebene Muskatnuss
2 Scheiben Räucherlachs
1 EL Schnittlauchröllchen
8 Scheiben Baguette

1. Die Kohlrabi waschen, schälen und vierteln. Ein Kohlrabiviertel beiseite legen, die übrigen in Würfel schneiden. Die Zwiebeln schälen und würfeln. Den Knoblauch schälen und durch die Presse drücken.
2. Das Öl in einer Pfanne erhitzen. Die Zwiebel und den Knoblauch darin glasig andünsten. Dann die Kohlrabiwürfel hinzufügen und mit andünsten. Die Brühe aus Instantpulver dazugießen, das Gemüse aufkochen lassen und zugedeckt bei kleiner Hitze etwa 15 Minuten köcheln.
3. Inzwischen das zurückbehaltene Kohlrabiviertel grob raspeln. Die Suppe mit dem Schneidstab pürieren. Die saure Sahne, die Petersilie und den Dill hinzufügen und die Suppe mit Kräutersalz und Muskatnuss abschmecken.
4. Den Lachs in kleine Quadrate schneiden und auf 2 Tellern verteilen. Die Suppe darübergeben und mit den Kohlrabiraspeln und den Schnittlauchröllchen bestreuen.
5. Mit Baguette servieren.

Tipp
Die Suppe eignet sich gut zum Aufwärmen.

Eier auf Gemüse

Für 2 Personen
Zubereitungszeit: ca. 35 Minuten
ca 590 kcal · 19 g Fett · 29 %

1 kleine Aubergine
1 kleine Zucchini
1 kleine rote Paprikaschote
4 Frühlingszwiebeln
1 TL Öl
75 ml Gemüsebrühe (aus Instantpulver)
3 EL Tomatenketschup
½ TL getr. Kräuter der Provence
Salz
schwarzer Pfeffer
2 kleine Eier
2 Weizenbrötchen
Schafskäse

1. Die Aubergine und die Zucchini waschen und putzen. Die Paprikaschote halbieren, den Stielansatz, die Kerne und die Trennwände entfernen. Die Hälften anschließend waschen. Die Frühlingszwiebeln gründlich waschen und putzen. Das Gemüse in kleine Würfel oder Ringe schneiden.
2. Das Öl in einer Pfanne erhitzen, aber nicht zu heiß werden lassen. Das vorbereitete Gemüse in die Pfanne geben und es unter Rühren kurz anbraten.
3. Die Brühe und den Tomatenketschup in die Pfanne geben, alles mit den Kräutern der Provence, Salz und Pfeffer würzen und gründlich verrühren. Das Gemüse unter häufigem Rühren etwa 10 Minuten bei schwacher Hitze garen.
4. In der Zwischenzeit den Schafskäse in kleine Würfel schneiden. In der Gemüsemischung in der Pfanne mit einem Löffel zwei Mulden formen. In jede Vertiefung ein Ei hineingleiten lassen. Den Schafskäse über das Gemüse streuen, einen Deckel auf die Pfanne legen und alles noch etwa 5 Minuten bei schwacher Hitze garen, bis das Eiweiß gestockt ist.
5. Das gegarte Gemüse mit den Eiern vorsichtig auf einen Teller heben und möglichst sofort verzehren.

Gratinierte Zucchini-Puten-Spieße

Für 2 Personen
Zubereitungszeit: ca. ½ Std.
ca. 470 kcal · 13 g Fett · 25 %

125 g Putenbrustfilet
Salz
schwarzer Pfeffer
2 kleine Zucchini
1 EL Olivenöl
100 ml Hühnerbrühe (aus Paste oder Instantpulver zubereitet)
½ – 1 TL scharfer Senf
2 TL geriebener Emmentaler (30 % Fett i. Tr.)
5 Scheiben Toastbrot

1. Das Putenbrustfilet kalt abwaschen und mit Küchenpapier trockentupfen. Es danach in 2 bis 3 cm große Würfel schneiden und diese mit Salz und Pfeffer würzen.
2. Die Zucchini waschen, putzen und in 2 cm dicke Scheiben schneiden. Die Zucchinischeiben und die Putenfleischwürfel abwechselnd auf zwei lange Holzspieße stecken.
3. Das Olivenöl in einer Pfanne erhitzen, aber nicht zu heiß werden lassen. Die Spieße hineinlegen, von allen Seiten goldbraun anbraten und danach mit Salz und Pfeffer würzen. Sie anschießend aus der Pfanne herausnehmen.
4. Die Hühnerbrühe in die Pfanne gießen und den Senf darunterrühren. Die Spieße wieder in die Pfanne geben und noch etwa 10 Minuten in der Sauce garen. Sie zwischendurch wenden.
5. Den Emmentaler über die Spieße streuen. Einen Deckel auf die Pfanne legen und den Käse in etwa 3 Minuten schmelzen lassen. Die fertigen Spieße auf einen Teller heben und den Sud aus der Pfanne dazugeben.

Gratinierte Zucchini-Puten-Spieße und Eier auf Gemüse (rechts)

Überbackenes Tatar

Für 2 Personen
Zubereitungszeit: ca. ½ Std.
ca. 570 kcal · 19 g Fett · 30 %

250 g Tatar
2 TL fein gehackte Kapern
etwas fein gehackter Estragon
4 TL Tomaten- oder Paprikaketschup
2 kleine Eier
Salz
frisch gemahlener weißer Pfeffer
1 TL Speiseöl, kaltgepresst
4 Scheiben Weißbrot
4 TL geriebener Hartkäse (30 % Fett i. Tr.)

1. Den Backofen auf 220 °C vorheizen. Das Hackfleisch, Kapern, Estragon, Ketschup und 1 Ei mit der Gabel gut vermischen. Mit Salz und Pfeffer würzen und daraus ein flaches Steak formen.
2. Im heißen Öl auf jeder Seite 2 Minuten braten, herausnehmen und warm stellen. Im gleichen Fett das andere Ei als Spiegelei braten.

3. Inzwischen das Weißbrot toasten, mit Butter bestreichen und das Tatarsteak darauflegen. Das fertige Spiegelei daraufgeben und mit dem Käse bestreuen, im Backofen 5 Minuten überbacken.

Kartoffelgulasch

Für 2 Personen
Zubereitungszeit: ca. ½ Std.
ca. 340 kcal · 11 g Fett · 29 %

500 g Kartoffeln
2 mittelgroße Zwiebeln
4 EL Sonnenblumenöl, kaltgepresst
¼ l Gemüsebrühe
1 Msp. Kleehonig
1 EL Paprikapulver, edelsüß
etwas Kräutersalz
etwas Cayennepfeffer
1 TL Kümmel, im Mörser grob zerstoßen
1 EL saure Sahne oder Crème fraîche
2 EL gehackte Petersilie

1. Die Kartoffeln waschen, schälen und in etwa 1½ cm große Würfel schneiden.
2. Die Zwiebeln schälen und in Streifen schneiden.
3. Das Sonnenblumenöl in einem passenden Topf erhitzen und die Zwiebelstreifen darin anschwitzen.
4. Die Kartoffelwürfel dazugeben, kurz anschwitzen, dann alles mit der Gemüsebrühe ablöschen. Den Topf mit einem Deckel schließen und die Kartoffeln bei mittlerer Hitze in etwa 10 Minuten weich garen.
5. Das Gulasch mit Honig, Paprika, Kräutersalz, Cayennepfeffer und Kümmel abschmecken und mit der sauren Sahne oder der Crème fraîche verfeinern. Das Gulasch noch etwa 10 Minuten auf der ausgeschalteten Herdplatte ziehen lassen.
6. Es in zwei vorgewärmten tiefen Tellern anrichten und mit Petersilie bestreuen.
(auf dem Foto)

Kartoffeltopf mit buntem Gemüse

Für 2 Personen
Zubereitungszeit: ca. ¾ Std.
ca. 300 kcal · 9 g Fett · 27 %

3 Karotten
500 g Kartoffeln
1 mittelgroße Zwiebel
1 Stange Porree (Lauch)
1 TL gehackter Estragon
1 EL getrockneter Majoran
1 TL Liebstöckelpulver
1 Msp. Muskat
etwas schwarzer Pfeffer
etwas Jodsalz
1 EL Essig
100 g TK-Erbsen
2 EL gehackte Petersilie
80 g saure Sahne (20 % Fett)

1. Die Karotten, die Kartoffeln und die Zwiebel schälen, den Lauch säubern und alles in kleine, mundgerechte Stücke schneiden.
2. Das Gemüse und die Kartoffeln in einen Topf geben und mit 200 ml Wasser übergießen. Mit Estragon, Majoran, Liebstöckel, Muskat, Pfeffer und Salz nach Belieben würzen.
3. Die Kartoffeln und das Gemüse zum Kochen bringen und ungefähr 20 Minuten bei geringer Hitze zugedeckt köcheln lassen. Bei Bedarf wenig Wasser hinzugeben.
4. Essig, Erbsen und Petersilie hinzugeben, vermischen und weitere 2 bis 3 Minuten köcheln lassen. Die saure Sahne unterrühren und sofort servieren.

Tipp
Wenn Sie möchten, können Sie zu diesem Gericht auch ein Stück Weißbrot oder ein Vollkornbrötchen reichen.

Krabbenspagetti

Für 2 Personen
Zubereitungszeit: ca. 20 Minuten
ca. 590 kcal · 13 g Fett · 19 %

200 g Spagetti
1 mittelgroße Zwiebel
1 Knoblauchzehe
1 EL Margarine
1 EL Weizenmehl
300 ml Milch (1,5 % Fett)
30 g geriebener Emmentaler (45 % Fett i.Tr.)
100 g Krabben aus der Dose
schwarzer Pfeffer, Jodsalz

1. Die Spagetti in 2 bis 3 Liter kochendem Salzwasser bissfest garen. Spagetti abschütten, unter heißem Wasser abspülen und abtropfen lassen.
2. Die Zwiebel schälen und fein zerhacken. Die Knoblauchzehe schälen und zerdrücken.
3. Die Margarine in einem Topf erhitzen, die Zwiebel und den Knoblauch darin glasig anbraten. Das Mehl darunter rühren, sodass ein sämiger Brei entsteht.
4. Die Milch zugeben und unter Rühren vorsichtig aufkochen. Die Sauce dickt ein.
5. Den Topf vom Herd nehmen und den Käse unterrühren. Die Krabben hinzugeben und die Sauce mit Pfeffer und etwas Salz abschmecken.
6. Die Spagetti auf die Teller verteilen und die Krabbensauce darüber gießen.

Gebratene Schinkennudeln

Für 2 Personen
Zubereitungszeit: ca. ½ Std.
ca. 430 kcal · 14 g Fett · 29 %

Lauchnudeln (siehe Seite 53)
2 Scheiben gekochter Schinken
1 Zwiebel
1 EL Markenbutter
50 g Edelpilzkäse (45 % Fett i. Tr.)

1. Garen Sie dafür am ersten Tag die doppelte Menge der Lauchnudeln. Die Hälfte davon nach dem Abgießen in dem Sieb mit kaltem Wasser gut abspülen, damit sie abkühlen und nicht durch die Eigenhitze weitergaren. Sie anschließend zugedeckt in den Kühlschrank stellen.
2. Am folgenden Tag den Schinken in Würfel schneiden. 1 Zwiebel fein würfeln.
3. Anschließend 1 Esslöffel Butter in einer Pfanne erhitzen, die Zwiebelwürfel darin goldbraun werden lassen. Den Schinken dazugeben und ihn kurz mit anbraten, danach die Lauchnudeln vom Vortag hinzufügen.
4. Alles gründlich vermischen und noch etwa 3 Minuten bei mittlerer Hitze braten. Zuletzt den gewürfelten Edelpilzkäse dazugeben und alles mit Pfeffer bestreuen. Der Käse soll durch die Hitze der Nudeln ein wenig zerlaufen.

Spagetti mit Tomatensauce

Für 2 Personen
Zubereitungszeit: ca. ½ Std.
ca. 600 kcal · 12 g Fett · 18 %

1 kleines Glas geschälte Tomaten (0,33 l)
½ Zwiebel
1 Knoblauchzehe
1 EL Olivenöl
350 g Eiertomaten, geschält und entkernt
Salz
frisch gemahlener Pfeffer
250 g Spagetti
2 EL geriebener Parmesan (30 % Fett i. Tr.)

1. Die Tomaten pürieren. Zwiebel und Knoblauch fein hacken und im heißen Olivenöl anbraten.
2. Die Eiertomaten würfeln und mit dem Tomatenpüree hinzufügen. Das Ganze salzen, bei geringer Hitze ½ Stunde sämig einkochen lassen und abschmecken.
3. Die Spagetti in reichlich Salzwasser bissfest kochen, abschrecken und gut abtropfen lassen. Auf Tellern anrichten, die Sauce darauf verteilen, mit Parmesan bestreuen.

Spagetti mit Tomatensauce

Makkaroni mit Kidney-Bohnen

Für 2 Personen
Zubereitungszeit: ca. ½ Std.
ca. 510 kcal · 10 g Fett · 18%

100 g Kidney-Bohnen (Dose)
3 EL Tomatenmark
250 ml Instant-Fleischbrühe
schwarzer Pfeffer, Jodsalz
200 g kurze Makkaroni oder Penne (aus Hartweizengrieß)
1 Gemüsezwiebel
1 Knoblauchzehe
10 g Butter
1 Msp. Cayennepfeffer
1 TL gehackter Oregano
1 EL gehackte Petersilie
2 EL geriebener Parmesan (30% Fett i. Tr.)

1. Die Kidney-Bohnen in ein Sieb geben und abtropfen lassen. In die Fleischbrühe Bohnen und Tomatenmark, etwas schwarzen Pfeffer und Salz geben und vorsichtig 4 bis 5 Minuten köcheln lassen – die Bohnen sollen nicht aufplatzen. Danach den Topf vom Herd nehmen.

2. 2 bis 3 Liter Salzwasser zum Kochen bringen, die Nudeln hineingeben und bissfest kochen. Anschließend abschütten, unter heißem Wasser abspülen und abtropfen lassen.

3. In der Zwischenzeit die Zwiebel und die Knoblauchzehe schälen und zerhacken. Die Butter in einer Pfanne leicht erhitzen, die Zwiebel und den Knoblauch darin glasig anbraten.

4. Den Topf mit den Bohnen wieder auf den Herd stellen; Nudeln, Zwiebeln, Knoblauch, Cayennepfeffer, Oregano und Petersilie hinzufügen und alles gut vermischen. Salz und Pfeffer und – falls nötig – noch etwas Wasser hinzufügen, kurz erhitzen.

5. Die Nudeln mit den Bohnen auf die Teller verteilen und mit Parmesan bestreuen.

Gemüserisotto

Für 2 Personen
Zubereitungszeit: ca. ½ Std.
ca. 400 kcal · 13 g Fett · 29 %

2 Kochbeutel (62,5 g) Schnellkochreis, z.B. Reis-fit von KRAFT
1 Zwiebel
2 Karotten
1 Stange Lauch
1 mittelgroße Zucchini
2 TL Butter
1 TL TK-Kräuter der Provence
Salz
schwarzer Pfeffer aus der Mühle
100 ml Instant-Gemüsebrühe
2 EL Sahne
1 EL gehackte, glatte Petersilie
2 EL Parmesan (30 % Fett i. Tr.)

1. Den Reis nach Packungsanweisung zubereiten.
2. Die Zwiebel und die Karotten schälen. Den Lauch und die Zucchini putzen und waschen. Das Gemüse in feine, streichholzlange Streifen schneiden.
3. Die Butter erhitzen und das Gemüse unter Wenden darin andünsten. Mit den Kräutern, Salz und Pfeffer würzen.
4. Die Gemüsebrühe und die Sahne angießen. Das Gemüse in etwa 8 Minuten bissfest garen.
5. Den abgetropften Reis unter das Gemüse mischen, das Ganze nochmals erhitzen, mit Petersilie bestreut servieren.

Tortelliniauflauf

Für 2 Personen
Zubereitungszeit: ca. ½ Std.
ca. 620 kcal · 21 g Fett · 30 %

2 Zucchini à 125 g
1 Zwiebel
1 EL Öl
1 TL Kräuter der Provence
200 ml stückige Tomaten (aus der Packung)
400 g TK-Tortellini mit vegetarischer Füllung
2 EL Gouda (30 % Fett i. Tr.)
4 EL Milch (1,5 % Fett)

1. Zucchini in Scheiben und Zwiebel in Ringe geschnitten in 1 Esslöffel Öl andünsten. Mit 1 Teelöffel Kräuter der Provence bestreuen.
2. Stückige Tomaten (aus der Packung) zugeben und 2 – 3 Minuten köcheln lassen. In eine gefettete Auflaufform geben.
3. Tortellini in reichlich Salzwasser ca. 2 Minuten garen. Abgießen und in die Auflaufform geben. Mit dem Gemüse vermischen. Mit dem geriebenen Gouda bestreuen und die Milch darüber gießen. Danach das Ganze unter dem Grill goldbraun gratinieren.

Paella

Für 2 Personen
Zubereitungszeit: ca. ¾ Std.
ca. 480 kcal · 15 g Fett · 29 %

2 Hähnchenbrustfilets (à 120 g)
2 EL Olivenöl
1 Zwiebel
1 Knoblauchzehe
100 g Langkornreis
¼ l Hühnerbrühe
1 EL Curry
300 g Leipziger Allerlei (TK-Gemüse)
2 Tomaten
etwas Salz, Pfeffer

1. Hähnchenbrustfilets würfeln und in Olivenöl anbraten.
2. Zwiebel und Knoblauchzehe mitbraten. Langkornreis zufügen und glasig dünsten.
3. Hühnerbrühe angießen und Curry zugeben.
Alles etwa 20 Minuten garen.
4. Leipziger Allerlei zusammen mit 100 ml Wasser aufkochen. 5 Minuten bei starker Hitze und etwa 8 Minuten bei schwacher Hitze garen.
5. Die Tomaten würfeln. Das Gemüse und die Tomaten unter den Reis mischen. Alles mit Salz und Pfeffer kräftig abschmecken.

Paella

Gemüseburger mit Bananen-Curry-Sauce

Für 2 Personen
Zubereitungszeit: ca. 20 Minuten
Auftauzeit: ca. 1 Std.
ca. 530 kcal · 17 g Fett · 29 %

4 TK-Gemüseburger à 75 g
1 EL Öl
1 große Zwiebel
1 Banane
1 – 2 EL Currypulver
100 ml Gemüsebrühe (aus Instantpulver) oder Milch
Salz
schwarzer Pfeffer
2 EL gehackte Petersilie
300 g gekochter Reis (ca. 2 Kochbeutel à 62,5 g)

1. Die Gemüseburger aus der Packung nehmen und auf einen Teller legen. Sie etwa 1 Stunde auftauen lassen. Inzwischen Reis nach Anleitung in Salzwasser ca. 20 Minuten weich kochen.

2. Das Öl in einer Pfanne nicht zu stark erhitzen. Die Gemüseburger darin nach der Packungsbeschreibung bei mittlerer Hitze in etwa 10 Minuten goldbraun braten. Sie zwischendurch mehrmals vorsichtig wenden.

3. In der Zwischenzeit die Zwiebel schälen und in sehr feine Würfel schneiden. Die Banane schälen und in Scheiben schneiden.

4. Die Burger aus der Pfanne nehmen und zugedeckt warm halten. Die Zwiebelwürfel in die Pfanne geben und in dem darin verbliebenen Öl glasig werden lassen.

5. Die Bananenscheiben dazufügen und sie mit einer Gabel ein wenig zerdrücken. Das Currypulver darüber stäuben und es unter Rühren leicht anrösten. Das Ganze anschließend mit der Brühe oder der Milch ablöschen. Die Sauce kräftig verrühren und mit Salz und Pfeffer herzhaft abschmecken. Sie zusammen mit den Gemüseburgern anrichten und die Petersilie darüberstreuen.

6. Den fertig gegarten Reis aus dem Kochtopf nehmen und dazureichen.

Fischtopf mit Banane und Ananas

Für 2 Personen
Zubereitungszeit: ca. 25 Minuten
ca. 590 kcal · 13 g Fett · 20 %

350 g Rotbarschfilet
1 EL Zitronensaft
1 TL Currypulver
1 TL Paprikapulver, edelsüß
etwas Jodsalz
1 Zwiebel
1 EL Diätmargarine
2 Bananen
100 g frische Ananas
100 g TK-Erbsen
300 g Reis gegart
(ca. 2 Beutel Reis à 62,5 g)

1. Das Rotbarschfilet waschen, mit Küchenkrepp trockentupfen und in mundgerechte Stücke schneiden. Zwischendurch Reis in kochendem Salzwasser 20 bis 25 Minuten garen.
2. Den Fisch mit dem Zitronensaft übergießen, Curry- und Paprikapulver sowie Salz hinzugeben.
3. Die Zwiebel schälen und fein hacken.
4. Die Margarine in einer Pfanne mit hohem Rand erhitzen und die Zwiebel glasig anbraten.
5. Die gewürzten Rotbarschstücke in die Pfanne geben, zudecken und ungefähr 7 Minuten lang bei mittlerer Hitze garen.
6. Die Bananen und die Ananas in kleine Stücke schneiden und zusammen mit den Erbsen in die Fischpfanne füllen. Zugedeckt 4 bis 5 Minuten garen.

Grünkernrisotto

Für 2 Personen
Zubereitungszeit: ca. ¼ Std.
Quellzeit: mindestens 50 Minuten
ca. 360 kcal · 12 g Fett · 30 %

50 g Karotte
30 g Petersilienwurzel
70 g Lauch
2 TL Sonnenblumenöl, kaltgepresst
1 Lorbeerblatt
150 g Grünkern
350 ml Gemüsebrühe
2 TL Sonnenblumenkerne
etwas weißer Pfeffer aus der Mühle
etwas Kräutersalz
2 EL Kerbelblättchen

1. Das Gemüse waschen und putzen. Die Karotte und die Petersilienwurzel in ½ cm große Würfel schneiden, den Lauch beiseite legen.
2. Das Sonnenblumenöl in einem passenden Topf erhitzen und das Wurzelgemüse zusammen mit dem Lorbeerblatt darin anschwitzen. Den Grünkern und die Flüssigkeit dazugeben und alles einmal aufkochen. Die Herdplatte ausschalten und das Getreide im geschlossenen Topf auf der ausgeschalteten Herdplatte mindestens 50 Minuten quellen lassen.
3. Dann die Sonnenbumenkerne in einer heißen Pfanne ohne weitere Fettzugabe goldbraun rösten.
4. Den Lauch nun in Würfel schneiden.
5. Nach der Quellzeit den Grünkern, falls nötig, wieder erhitzen und so lange rühren, bis die noch vorhandene Flüssigkeit aufgesogen ist. Jetzt den Lauch dazugeben.
6. Die gerösteten Sonnenblumenkerne unter den Grünkern mischen und alles mit dem Pfeffer und dem Kräutersalz abschmecken.
7. Den Risotto mit Kerbelblättchen bestreut servieren.

Tipp
Um die Quellzeit zu verkürzen, können Sie den Grünkern über Nacht bereits in kalter Gemüsebrühe einweichen. Sie sparen dadurch etwa 20 Minuten Quellzeit. Oder Sie kochen den Grünkern morgens, bevor Sie aus dem Haus gehen, auf und lassen ihn auf der ausgeschalteten Platte bis zum Mittag oder Abend quellen.
Dieses Gericht lässt sich sehr gut mitnehmen und wieder aufwärmen.

Grünkernrisotto

Überbackener Kabeljau mit Lauchnudeln

Für 2 Personen
Zubereitungszeit: ca. ½ Std.
ca. 490 kcal · 14 g Fett · 26 %

300 g Kabeljaufilet
2 EL Zitronensaft
Salz
weißer Pfeffer
2 EL Butter
2 Tomaten
2 EL geriebener Emmentaler (30 % Fett i. Tr.)
2 zarte Lauchstangen
Salz
125 g schmale Bandnudeln

1. Das Kabeljaufilet unter kaltem Wasser abwaschen und trockentupfen. Das Filet mit dem Zitronensaft beträufeln, salzen und pfeffern. Es anschließend zugedeckt kalt stellen.

2. Den Lauch putzen, längs aufschlitzen und unter fließendem Wasser gründlich waschen. Ihn danach trockenschütteln. Die Stange in gut 10 cm lange Stücke zerteilen und diese längs in schmale Streifen schneiden.

3. Die Butter in einer Pfanne erhitzen. Das Fischfilet hineinlegen und von beiden Seiten insgesamt etwa 6 Minuten bei mittlerer Hitze braten.

4. In der Zwischenzeit 1 Liter Salzwasser in einem Topf zum Kochen bringen. Die Nudeln hineingeben und „al dente" (bissfest) kochen.

5. Die Tomaten waschen und die Stielansätze keilförmig herausschneiden. Die Tomaten danach in Scheiben schneiden.

6. Die Tomatenscheiben auf das Kablejaufilet legen, mit Salz und Pfeffer würzen und mit dem Emmentaler bestreuen. Einen Deckel auf die Pfanne legen und das Fischfilet noch etwa 3 Minuten backen.

7. Die Lauchstreifen 1 Minute vor Ende der Garzeit der Nudeln in den Topf geben und alles zusammen fertig garen. Die Lauchnudeln anschließend in ein großes Sieb abgießen und gut abtropfen lassen. Sie zusammen mit dem überbackenen Kabeljau anrichten.

Köstliches fürs Wochenende

Kroketten mit Pilzragout

Für 2 Personen
Zubereitungszeit: ca. ½ Std.
ca. 310 kcal · 10 g Fett · 29 %

200 g TK-Kroketten (z.B. von McCain)
2 kleine Zwiebeln
1 Knoblauchzehe
2 Frühlingszwiebeln
250 g Pfifferlinge
250 g Champignons
250 g Austernpilze
6 EL trockener Weißwein
Salz
schwarzer Pfeffer
6 EL Milch (1,5 % Fett)
2 EL Petersilie
1 TL geröstete Erdnüsse

1. Die Tiefkühl-Kroketten aus der Packung nehmen, den Rest wieder einfrieren und die Kroketten nach Packungsanweisung im Backofen zubereiten.
2. Die Zwiebel und die Knoblauchzehe schälen, die Zwiebel würfeln, den Knoblauch durchpressen. Die Frühlingszwiebeln putzen, waschen und in Ringe schneiden. Die Pilze putzen und kurz waschen. Größere Pilze halbieren.
3. Die Zwiebelwürfel kurz andünsten.
4. Nach ein paar Minuten Pilze, Frühlingszwiebeln und Knoblauch zufügen.
5. Das Gemüse mit dem Weißwein ablöschen, mit Salz und Pfeffer würzen und mit der Milch verfeinern.
6. Die Hälfte der Petersilie sowie die Erdnüsse unter das Ragout rühren und weitere 10 Minuten köcheln lassen. Das Pilzragout mit der restlichen Petersilie bestreuen.
7. Mit den Kroketten servieren.

Hähnchenbrust mit Tomaten und Mozzarella

Für 2 Personen
Zubereitungszeit: ca. 40 Minuten
ca. 710 kcal · 17 g Fett · 22 %

300 g Hähnchenbrustfilet
etwas schwarzer Pfeffer
etwas Jodsalz
1 Msp. gehackter Thymian
1 Msp. gehackter Rosmarin
1 EL Sonnenblumenöl
2 Fleischtomaten
20 g TK-Krabben
2 dünne Scheiben Parmaschinken
50 g Mozzarella
125 g Nudeln
1 EL gehacktes frisches Basilikum

1. Das Hähnchenbrustfilet in zwei Hälften teilen, mit Pfeffer, Salz, Thymian und Rosmarin würzen. Das Öl erhitzen und die gewürzte Hähnchenbrust darin anbraten. Anschließend das Hähnchen aus der Pfanne nehmen und in eine Auflaufform legen.
2. Den Backofen auf 180 °C vorheizen. Die Tomaten in Scheiben schneiden, die Krabben auf die Tomatenscheiben geben und sie mit dem Parmaschinken umwickelt auf die Hähnchenbrust legen.
3. Danach den Mozzarella in dünne Scheiben schneiden und auf der Hähnchenbrust verteilen.

Kroketten mit Pilzragout

4. Die Auflaufform in den Backofen schieben und ungefähr 15 Minuten lang backen lassen, sodass der Mozzarella zerlaufen ist.
5. Inzwischen die Nudeln in kochendem Salzwasser nach Anleitung bissfest garen.
6. Die Hähnchenbrust aus dem Backofen herausnehmen, auf die Teller verteilen und das Basilikum darüber streuen.
7. Mit den Nudeln als Beilage servieren.

Spagetti mit Zucchinicreme

Für 2 Personen
Zubereitungszeit: ca. ½ Std.
ca. 650 kcal · 19 g Fett · 26 %

50 g Lauch
250 g Zucchini
etwas Petersilie
4 Blätter Basilikum
2 EL Olivenöl, Salz
4 EL Gemüsebrühe
frisch gemahlener Pfeffer
~~*250 g Spagetti oder Linguine*~~
50 ml Milch (1,5 % Fett)
2 EL saure Sahne
2 EL geriebener Parmesan (30 % Fett i. Tr.)

1. Den Lauch fein schneiden. Die Zucchini würfeln. Die Kräuter fein hacken.
2. Das Öl erhitzen, den Lauch darin andünsten, die Zucchini dazugeben und salzen. Zugedeckt bei geringer Hitze 10 Minuten köcheln lassen. Mit Pfeffer abschmecken.
3. Die Nudeln in reichlich Salzwasser bissfest kochen, abgießen und abtropfen lassen. Das Gemüse mit der Milch und der sauren Sahne im Mixer pürieren. Die Nudeln sorgfältig mit der Sauce und dem Parmesan mischen.

Putenpilaw

Für 2 Personen
Zubereitungszeit: ca. 1 Std.
ca. 400 kcal · 8 g Fett · 18 %

1 EL Öl
250 g Putenbrustfilet
100 g Langkornreis
Salz
frisch gemahlener Pfeffer
Paprika edelsüß
¼ l Brühe
1 Zwiebel
125 g Suppengrün
60 g frische Champignons
100 g Tomaten
1 EL gehackte Petersilie

1. Das Öl erhitzen. Das Putenbrustfilet schnetzeln und darin anbraten. Den Reis hinzufügen, gut mischen und zugedeckt etwa 3 Minuten anbraten. Die Gewürze und die Brühe hinzufügen.
2. Die Zwiebel in Würfel schneiden, das Suppengrün grob hacken, die Champignons blättrig schneiden. Das Gemüse zu der Reis-Fleisch-Mischung geben, alles mischen und zugedeckt etwa 10 Minuten garen.
3. Die Tomaten brühen, enthäuten und vierteln, mit den anderen Zutaten mischen und das Pilaw zugedeckt etwa 20 Minuten garen. Dabei gelegentlich umrühren und bei Bedarf etwas Flüssigkeit nachgießen. Den Reis noch etwa 5 Minuten nachquellen lassen. Das Gericht mit der Petersilie bestreuen.

Lauchauflauf mit Nudeln

Für 2 Personen
Zubereitungszeit: ca. 1¼ Std.
ca. ~~820~~ kcal · 21 g Fett · 30 %
ca. 420

Salz 140 g
~~200 g~~ Makkaroni
300 g Lauch
schwarzer Pfeffer
200 g Tomaten
1 Peperoni
30 g schwarze Oliven
⅛ l Brühe
1 EL Tomatenmark
1 TL frische Oreganoblättchen (ersatzweise ½ TL getrockneter Oregano)
100 ml Milch (1,5 % Fett)
1 kleines Ei
100 g Feta (griechischer Schafskäse)

1. Reichlich Salzwasser in einem großen Topf aufkochen lassen. Die Makkaroni hineingeben und sie nach der Packungsanleitung gerade eben bissfest kochen. Sie dürfen nicht zu weich werden.
2. Inzwischen den Lauch putzen, längs aufschlitzen und gründlich waschen. Die Stangen trockenschütteln und in 3 cm lange Stücke schneiden.
3. Die Lauchstücke hineingeben, salzen, pfeffern und sie zugedeckt bei milder Hitze etwa 5 Minuten garen.
4. Den Backofen auf 200 °C vorheizen. Die Nudeln in ein Sieb abgießen und gut abtropfen lassen. Sie dann in eine große, breite Auflaufform geben. Den Lauch daraufgeben.
5. Die Tomaten waschen, von den Stielansätzen befreien und in Scheiben schneiden. Die Scheiben in diagonalen Streifen und überlappend auf den Lauch legen.
6. Die Peperoni längs halbieren. Die Stielansätze und die Kernchen entfernen. Die Hälften waschen, klein schneiden und auf die Tomaten geben. Die Oliven zwischen die Tomaten geben.
7. Die Brühe mit dem Tomatenmark und dem Oregano verquirlen und auf den Auflauf träufeln. Den Auflauf im Ofen auf der mittleren Schiene etwa 30 Minuten backen.
8. Die Milch und das Ei verquirlen, pfeffern und auf den Auflauf träufeln. Den Schafskäse zerbröckeln und darauf streuen. Den Auflauf noch etwa 10 Minuten backen.
(auf dem Foto)

Curryreis mit Rindfleischstreifen und Paprika

Für 2 Personen
Zubereitungszeit: ca. 40 Minuten
ca. 450 kcal · ca. 15 g Fett · 30 %

200 ml Instant-Hühnerbrühe
1 Gemüsezwiebel
1 TL ~~Butter~~ Olivenöl
120 g Langkornreis VK
1 EL Currypulver
1 TL Thymian
etwas schwarzer Pfeffer
etwas Jodsalz
120 g Rumpsteak
1 grüne Paprika
2 TL Sonnenblumenöl

1. Die Brühe in einem Topf erhitzen. Den Backofen auf 180 °C vorheizen.
2. Die Zwiebel schälen und fein hacken. Die Butter in einem ofenfesten Topf oder in einer ofenfesten Pfanne erhitzen. Die Zwiebel darin glasig anbraten.
3. Den Reis gut waschen, abtropfen lassen und zu den Zwiebelstücken geben, das Currypulver hinzufügen und den Reis unter Rühren anbraten, bis er leicht gelblich wird.
4. Den Reis mit der Brühe ablöschen, Thymian, Pfeffer und Salz unterrühren und alles gut vermischen.
5. Den Topf oder die Pfanne mit einem Deckel oder mit Alufolie abdecken und in den Backofen stellen. Den Reis unbedingt 25 Minuten lang garen, bis der Reis die Brühe vollständig aufsaugt. Der Reis sollte nicht mehr hart sein, wenn er aus dem Ofen kommt.
6. In der Zwischenzeit das Fleisch in dünne Streifen schneiden, die Paprika säubern und in kleine Stücke zerteilen.
7. Das Öl in der Pfanne erhitzen und das Rindfleisch scharf anbraten. Mit Pfeffer und Salz würzen. Das Rindfleisch aus der Pfanne nehmen und warm halten.
8. Die Paprikastücke im verbliebenen Öl andünsten, bis sie zwar gar, aber noch bissfest sind. Rindfleisch und Paprika unter den Reis mischen und servieren.

Schweinemedaillons mit Orangensauce

Für 2 Personen
Zubereitungszeit: ca. ½ Std.
ca. ~~660 kcal~~ · 14 g Fett · 19 % ca. 460

250 g Schweinefilet
1 EL Sonnenblumenöl
etwas schwarzer Pfeffer, Jodsalz
2 Orangen
1 Zwiebel
150 g Champignons
100 ml Instant-Gemüsebrühe
1 TL Honig
1 Msp. Ingwerpulver
1 EL Sojasauce
50 g saure Sahne (10 % Fett)
~~200 g Nudeln~~ 140 g = [redacted] 450

1. Das Schweinefilet in Medaillons schneiden. Das Öl in der Pfanne erhitzen, die Medaillons darin von beiden Seiten anbraten, bis sie hellbraun werden, mit Pfeffer und Salz würzen. Anschließend die Schweinemedaillons aus der Pfanne nehmen.
2. Die Orangen schälen. Eine Orange in kleine Stücke zerteilen, die andere auspressen und den Saft auffangen.
3. Die Zwiebel schälen und zerhacken, die Champignons putzen und in dünne Scheiben schneiden. Die Zwiebel in der Pfanne glasig anbraten.
4. Den Orangensaft, die Gemüsebrühe und die Champignons in die Pfanne geben und 10 Minuten bei geringer Hitze köcheln lassen.
5. Den Honig, den Ingwer, die Orangenstücke und die Sojasauce hinzufügen.
6. Zwischendurch die Nudeln in kochendem Salzwasser bissfest garen.
7. Die Schweinemedaillons in die Sauce geben, 2 Minuten köcheln lassen. Dann die saure Sahne unterrühren und gleich servieren. Zu den Schweinemedaillons die Nudeln servieren.

Tortellinigratin mit Goldbarsch

Tortellinigratin mit Goldbarsch

Für 2 Personen
Zubereitungszeit: ca. ¾ Std.
ca. 560 kcal · 18 g Fett · 29 %

150 g Goldbarschfilet
etwas Zitronensaft, Salz
Zitronenpfeffer
100 g Zucchini
2 Tomaten
1 Knoblauchzehe
1 TL Olivenöl
schwarzer Pfeffer
etwas Fett für die Form
~~*200 g grüne Tortellini mit vegetarischer Füllung*~~
1 EL gehackter Dill
2 TL geriebener Parmesan
2 TL geriebener Hartkäse (30 % Fett i. Tr.)

1. Das Goldbarschfilet kurz abspülen, abtrocknen und in etwa 1 cm dicke Scheiben schneiden. Die Fischscheiben mit Zitronensaft beträufeln, leicht salzen und pfeffern.

2. Die Zucchini putzen, waschen und auf einer Gemüsereibe grob reiben. Die Tomaten über Kreuz einritzen, 15 Sekunden überbrühen, enthäuten, halbieren, entkernen und das Fruchtfleisch hacken. Den Knoblauch schälen.

3. Das Öl erhitzen und die Zucchini darin andünsten. Die Tomaten hinzufügen, den Knoblauch durch eine Presse dazudrücken und das Gemüse 5 Minuten schmoren lassen. Mit Salz und Pfeffer würzen.

4. Den Backofen auf 225 °C vorheizen. Eine ofenfeste Form einfetten. Etwa 2 Liter Salzwasser in einem Topf zum Kochen bringen. Die Tortellini hineingeben und nach Anleitung bissfest kochen.

5. Inzwischen den Fisch zum Gemüse geben und bei milder Hitze etwa 5 Minuten garen. Den Dill daraufstreuen und alles in die Form füllen.

6. Die Tortellini abgießen, gut abtropfen lassen und auf der Gemüse-Fisch-Mischung verteilen. Beide Käsesorten vermengen und auf die Tortellini streuen. Das Gratin in der Mitte des Ofens etwa 15 Minuten überbacken, bis der Käse geschmolzen und die Oberfläche goldgelb ist.

Kartoffeln mit Lachs und Currysauce

Für 2 Personen
Zubereitungszeit: ca. 35 Minuten
ca. 270 kcal · 4 g Fett · 13 %

500 g Kartoffeln mit Schale
2 EL Magerquark
2 EL Jogurt (1,5 % Fett)
1 TL Zitronensaft
½ TL Currypulver
wenig Meersalz
frisch gemahlener Pfeffer
1 Apfel
100 g Graved Lachs (gebeizter Lachs)
einige Dillzweige

1. Die Kartoffeln je nach Größe 15 bis 20 Minuten in kochendem, leicht gesalzenem Wasser garen oder dämpfen.
2. Inzwischen den Quark und den Jogurt mit dem Zitronensaft verrühren. Das Ganze pikant mit Currypulver, wenig Meersalz und Pfeffer abschmecken.
3. Den Apfel waschen, entkernen, in ganz feine Würfel schneiden und unter die Sauce ziehen.
4. Die Sauce auf zwei Teller verteilen, mit fein gehacktem Dill bestreuen und den Graved Lachs dazulegen.
5. Die Pellkartoffeln schälen und zu der Sauce reichen.

Knödelgratin

Für 2 Personen
Zubereitungszeit: ca. ½ Std.
Backzeit: ca. 10 Minuten
ca. 460 kcal · 15 g Fett · 28,5 %

5 Kartoffelknödel (aus dem Kochbeutel oder aus Knödelmasse zubereitet) à 100 g
Salz
1 mittelgroße Zucchini
4 TL Butter
2 TL Mehl
⅛ l Milch (1,5 % Fett)
schwarzer Pfeffer
2 große, feste Tomaten
1 Scheibe geräucherter Schinken ohne Fettrand
4 EL gehackte Petersilie
2 EL geriebener Emmentaler (30 % Fett i. Tr.)

1. Die Kartoffelknödel nach der Packungsbeschreibung in reichlich siedendem Salzwasser garen.
2. In der Zwischenzeit den Backofen auf 225 °C vorheizen. Die Zucchini waschen, putzen und in etwa 1 cm dicke, schräge Scheiben schneiden. 1 Teelöffel Butter in einem kleinen Topf erhitzen, die Zucchinischeiben darin bei mittlerer Hitze von beiden Seiten goldbraun braten. Sie danach aus dem Topf nehmen und beiseite stellen.
3. Die restliche Butter in dem Topf erhitzen. Das Mehl darin unter Rühren goldgelb anschwitzen und anschließend nach und nach die Milch dazugießen. Die Sauce mit einem Schneebesen kräftig rühren, bis sie glatt ist. Sie danach mit etwas Salz und Pfeffer würzen, einmal aufkochen und noch ungefähr 5 Minuten köcheln lassen.
4. Die Tomaten waschen und die Stielansätze keilförmig herausschneiden. Das Fruchtfleisch danach in Scheiben schneiden. Die Kartoffelknödel am Ende der angegebenen Garzeit aus dem Wasser heben, gegebenenfalls aus den Kochbeuteln lösen und in etwa 2 cm dicke Scheiben schneiden.
5. Die Knödel-, die Zucchini- und die Tomatenscheiben einander überlappend in eine Auflaufform legen. Den Schinken anschließend in kleine Würfel schneiden.
6. Die Petersilie und die Hälfte des Emmentalers unter die Béchamelsauce rühren und den Käse darin schmelzen lassen. Die Sauce abschmecken und über die Zutaten in der Auflaufform geben.
7. Den Schinken und den restlichen Käse über die Knödel-, Zucchini- und Tomatenscheiben streuen. Das Gratin auf der mittleren Einschubleiste in den Ofen schieben und es in etwa 15 Minuten goldbraun überbacken.
(auf dem Foto)

Szegediner Putengulasch

Für 2 Personen
Zubereitungszeit: ca. ¾ Std.
ca. 480 kcal · 13 g Fett · 24 %

200 g Putenfleisch aus der Keule
frisch gemahlener Pfeffer
gerebelter Majoran
wenig Meersalz
1 kleine Zwiebel
1 Knoblauchzehe
1 TL Pflanzenöl
Rosenpaprikapulver
¼ l Gemüsebrühe
3 Tomaten
500 g Kartoffeln
1 Paprikaschote
200 g Sauerkraut
einige Kapern
1 EL frisch gehackte Blattpetersilie
2 TL saure Sahne

1. Das Putenfleisch waschen, trockentupfen und würfeln. Mit Pfeffer, Majoran und wenig Meersalz würzen.
2. Die Zwiebel und die Knoblauchzehe schälen. Die Zwiebel in feine Scheiben schneiden und die Knoblauchzehe zerdrücken.
3. Das Öl erhitzen, die Zwiebel und den Knoblauch darin goldgelb anbraten. Das Paprikapulver hineinstreuen und sofort mit 2 Esslöffeln Gemüsebrühe ablöschen.
4. Das Fleisch hineingeben und bei mittlerer Hitzezufuhr so lange schmoren, bis alle Flüssigkeit verdampft ist.
5. Inzwischen die Tomaten waschen und in Würfel schneiden. Zum Fleisch geben und andünsten. Dann die heiße Gemüsebrühe angießen und das Gulasch zugedeckt 20 Minuten köcheln lassen.
6. Die Kartoffeln waschen schälen und klein schneiden. In Salzwasser etwa 20 Minuten gar kochen.
7. Die Paprikaschote putzen und in feine Streifen schneiden. Das Sauerkraut und die Kapern grob hacken.
8. Das Gemüse unter das Fleisch mischen und alles weitere 20 Minuten garen, bis das Fleisch weich ist.
9. Das Gulasch nochmals abschmecken. Auf zwei angewärmte Teller Kartoffeln und Gulasch verteilen, mit der Petersilie bestreuen und die saure Sahne darüber geben.

Curry-Bananen-Reis mit Gemüsespießchen

Für 2 Personen
Zubereitungszeit: ca. 20 Minuten
Quellzeit: mindestens ¼ Std.
ca. 430 kcal · 14 g Fett · 29 %

Für den Reis:
1 kleine Zwiebel
½ Banane
¼ Knoblauchzehe
3 EL Sonnenblumenöl, kaltgepresst
1 Lorbeerblatt
1 TL Kurkuma oder Currypulver
150 g Rundkorn-Vollreis
300 ml Gemüsebrühe
etwas schwarzer Pfeffer aus der Mühle
etwas Kräutersalz

Für die Spießchen:
20 Kirschtomaten
1 Zucchini (ca. 220 g)
16 mittelgroße Basilikumblätter
1 EL Kokosfett zum Braten

1. Für den Reis die Zwiebel schälen und kleinwürfeln.
2. Die Banane schälen und mit einer Gabel zerdrücken.
3. Die Knoblauchzehe schälen und durch die Knoblauchpresse drücken.
4. Das Öl in einem passenden Topf erhitzen und die Zwiebel, das Lorbeerblatt, die Banane,

Curry-Bananen-Reis mit Gemüsespießchen

den Knoblauch und das Kurkuma- oder das Currypulver darin anschwitzen. Den Reis dazugeben. Alles mit Gemüsebrühe ablöschen und einmal aufkochen lassen. Dann den Topf zudecken, die Platte ausschalten und den Reis etwa 15 Minuten quellen lassen.

5. Für die Spießchen die Tomaten und die Zucchini waschen und putzen. Das Basilikum waschen.

6. Die Zucchini auf dem Gurkenhobel oder mit der Brotschneidemaschine längs in 16 sehr dünne Scheiben schneiden.

7. Auf vier Holzspießchen jeweils abwechselnd Tomaten und Zucchinischeiben stecken. Die Zucchinischeiben dazu mit je einem Basilikumblatt aufrollen. Auf jedem Spieß sollten 5 Tomaten und 4 Zucchinischeiben sein.

8. Das Kokosfett in einer Pfanne erhitzen und die Spieße darin etwa 4 Minuten braten.

9. Den Reis, falls nötig, wieder erhitzen und ihn mit Pfeffer und Kräutersalz abschmecken.

10. Den Reis auf zwei vorgewärmten Tellern anrichten und die Gemüsespieße dazulegen.

Tomatenschnitzel „Napoli“

Für 2 Personen
Zubereitungszeit: ca. ¾ Std.
Marinierzeit: ca. 1 Std.
ca. 650 kcal · 22 g Fett · 30 %

4 TL Olivenöl
1 TL Kräuter der Provence
6 EL Rotwein
1 kleine gepresste Knoblauchzehe
2 magere Schweineschnitzel (à ca. 170 g)
1 fein gehackte Zwiebel
500 g reife Tomaten
Salz
frisch gemahlener weißer Pfeffer
2 TL Butterschmalz
6 Scheiben Toastbrot

1. Für die Marinade Öl, Kräuter, Wein und Knoblauch in einer Schüssel gut verrühren.
2. Die Schnitzel trockentupfen, in die Marinade legen und 1 Stunde ziehen lassen, hin und wieder wenden.
3. Die Tomaten mit kochendem Wasser überbrühen, enthäuten und halbieren. Anschließend die Kerne mit einem Löffel entfernen. Das Fruchtfleisch in feine Würfel schneiden. Das Basilikum in Streifen schneiden.
4. Die Tomaten mit der Zwiebel in einem Topf mit 2 Esslöffeln Marinade etwa ¼ Stunde köcheln lassen.
5. Die Schnitzel aus der Marinade nehmen, abtropfen lassen. In einer Pfanne das Butterschmalz stark erhitzen und die Schnitzel darin von jeder Seite etwa 4 Minuten braten, bei Bedarf die Hitze reduzieren. Mit Salz und Pfeffer würzen. Die Schnitzel mit dem Tomatengemüse anrichten, mit dem Basilikum bestreuen.
6. Mit Toastbrot servieren.

Hähnchenflügel

Für 2 Personen
Zubereitungszeit: ca. ¼ Std.
ca. 600 kcal · 20 g Fett · 30%

4 Hähnchenflügel (fertig gewürzt)
2 TL Speiseöl
100 g Feldsalat
2 Mandarinen
2 EL saure Sahne
2 TL Essig
etwas Salz
etwas Pfeffer
etwas Zucker
8 Scheiben Baguette

1. Die Hähnchenflügel mit dem Öl bepinseln und bei 250 °C ca. 10 Minuten im Grill oder Backofen knusprig braun backen.
2. In der Zwischenzeit den Feldsalat waschen. Die Mandarinen schälen und in die einzelnen Filets teilen.
3. Anschließend die saure Sahne mit Essig, Salz und je einer Prise Pfeffer und Zucker zu einem Dressing verquirlen.
4. Den Feldsalat mit den Mandarinenstückchen vermengen und das Dressing darüber geben.
5. Mit Baguette servieren.

Variation
Sie können die Hähnchenflügel auch mit einer Panade aus Eigelb und Mandelblättchen in heißem Öl goldbraun braten.

Hähnchenflügel

Hähnchenragout mexikanische Art

Für 2 Personen
Zubereitungszeit: ca. ¾ Std.
ca. 460 kcal · 10 g Fett · 20 %

300 g Hähnchenschnitzel
etwas schwarzer Pfeffer
etwas Jodsalz
1 mittelgroße Zwiebel
1 EL Sonnenblumenöl
1 TL Chilipulver
200 ml Gemüsebrühe (aus Instantpulver)
1 grüne Paprika
500 g Kartoffeln
100 g Mais aus der Dose
100 g Kidney-Bohnen aus der Dose

1. Die Hähnchenschnitzel waschen und in grobe Würfel schneiden, mit Pfeffer und Salz würzen.
2. Die Zwiebel schälen und in kleine Stücke schneiden. Das Öl in der Pfanne erhitzen und die Zwiebel darin glasig anbraten. Dann das Chilipulver und 2 Esslöffel Gemüsebrühe hinzufügen.
3. Das Hähnchenfleisch in die Pfanne geben und so lange garen, bis sich kaum noch Flüssigkeitg in der Pfanne befindet.
4. Die Paprika waschen, in feine Streifen schneiden und zusammen mit der restlichen Gemüsebrühe in die Pfanne geben. Alles zusammen etwa 20 Minuten lang zugedeckt garen – das Fleisch sollte am Ende dieser Zeit gar sein.
5. Inzwischen Kartoffeln schälen und in kleine Stücke schneiden. In kochendem Salzwasser in ca. 20 – 25 Minuten kochen. Danach Wasser abschütten.
6. Den Mais und die Bohnen hinzugeben und alles noch einmal mit Pfeffer und Salz abschmecken. Zum Hähnchenragout die gekochten Kartoffeln servieren.

Torta Verde
Grüne Torte

Für 12 Stücke
Zubereitungszeit: ca. 1 Std.
Ruhezeit des Teiges: ca. ¾ Std.
Backzeit: ca. 40 Minuten
pro Stück ca. 160 kcal ·
5 g Fett · 28 %

Für den Hefeteig:
250 g Mehl
¼ l Wasser
25 g frische Hefe
½ TL Honig
60 g saure Sahne (10 % Fett)
1 EL Öl
1 TL Salz

Für die Füllung:
500 g Mangold-oder Spinatblätter
1 große Zwiebel
1 Knoblauchzehe
100 g frische Champignons oder 20 g getrocknete, in Wasser eingeweichte Pilze
8 Sardellenfilets (aus dem Glas)
4 TL Olivenöl
200 g TK-Erbsen
2 EL gehacktes Basilikum
2 frische kleine Eier
100 g Ricotta (30 % Fett i. Tr.) (ital. Frischkäse)
Salz
Pfeffer aus der Mühle

1. Das Mehl in eine Schüssel geben und darin eine Mulde bilden. Hefe mit 2 Esslöffeln Wasser und ½ Teelöffel Honig in der Mulde mit etwas Mehl anrühren und ca. 15 Minuten zugedeckt gehen lassen. Salz, Öl und das restliche Wasser zugeben und mit dem Knethaken des Handrührgerätes ca. 10 Minuten kneten, bis der Teig Blasen wirft. Dann zugedeckt an einem warmen Ort 30 Minuten gehen lassen.
2. Die Mangold- oder die Spinatblätter sorgfältig waschen und verlesen. Sie dann in feine Streifen schneiden. Die Zwiebel und den Knoblauch schälen. Die Zwiebel würfeln und den Knoblauch durch die Presse drücken. Die Champignons putzen und in Scheiben schneiden. Die Sardellen etwas zerkleinern.
3. Das Olivenöl erhitzen und darin die Zwiebel und den Knoblauch andünsten. Dann die Mangold- oder die Spinatstreifen und die Champignons dazugeben und alles 8 bis 10 Minuten dünsten, bis die Flüssigkeit verdampft ist.
4. Ungefähr 4 Minuten vor Ende der Garzeit die Erbsen dazugeben. Dann das Ganze etwas abkühlen lassen. Danach das Basilikum und die Sardellen unter das Gemüse mischen.
5. Eine Springform (26 cm Ø) mit wenig Öl einfetten. Den Backofen auf 180 °C vorheizen. Die Form mit dem Teig auskleiden. Den Teig in der Form nochmals gehen lassen.
6. Inzwischen die Eier zusammen mit dem Ricotta schaumig schlagen und mit Salz und Pfeffer abschmecken. Die Hälfte davon unter das Gemüse mischen. Die Gemüse-Ricotta-Masse nun auf dem Teigboden verteilen und die restliche Ei-Ricotta-Mischung darüber gießen.
7. Die Gemüsetorte in den Ofen schieben und auf der mittleren Schiene 35 bis 40 Minuten backen. Falls sie oben zu schnell bräunt, die Oberfläche mit Aluminiumfolie abdecken.
(auf dem Foto)

Tipp
Frisch gebacken schmeckt die grüne Torte am besten. Sie können sie aber auch etwa 30 Minuten vorbacken und 10 Minuten vor dem Servieren bei 190 °C fertig backen.
Zum Backen ein Schüsselchen mit heißem Wasser in den Backofen stellen, dann geht der Teig gut auf und trocknet nicht aus.

CALLIPO

Scheiterhaufen mit Kirschkompott

Für 2 Personen
Zubereitungszeit: ca. 20 Minuten
Quellzeit: ca. 1 Std.
Backzeit ca. ½ Std.
ca. 770 kcal · 17 g Fett · 20 %

Für das Kompott:
150 g entsteinte Sauerkirschen
125 ml Wasser
125 ml Rotwein
10 g Stärke
1 Zimtstange
1 EL Kleehonig

Für die Scheiterhaufen:
5 altbackene Vollkornbrötchen
500 ml Milch (1,5 % Fett)
1 Msp. Meersalz
etwas abgeriebene Schale einer unbehandelten Zitrone
1 Msp. Vanillemark
250 g Quark (20 % Fett i. Tr.)
50 g Honig
2 kleine Eier
etwas Butter für die Form

1. Alle Zutaten für das Kompott in einen Topf geben und bei mittlerer Hitze etwa 1 Stunde zugedeckt köcheln lassen. Die Zimtstange entfernen. Den Backofen auf 200 °C vorheizen.
2. Die Brötchen in Scheiben schneiden. Die Milch mit Salz, Zitronenschale und Vanillemark mischen darüber gießen. Den Quark mit dem Honig und den Eiern verrühren.
3. In eine gefettete Auflaufform schichtweise Brötchen und Quarkmasse füllen. Etwa 30 Minuten backen. Das abgekühlte Kompott zum warmen Scheiterhaufen reichen.

Pflaumen-Reis-Auflauf

Für 2 Personen
Zubereitungszeit: ca. ¾ Std.
Backzeit ca. 20 Minuten
ca. 540 kcal · 13 g Fett · 22 %

½ l Milch
40 g Rundkornreis
2 EL Zucker
1 Päckchen Vanillinzucker
1 TL abgeriebene Zironenschale
4 EL gemahlener Mohn
400 g Pflaumen, 1 Eiweiß

1. Milch mit Milchreis, 1 Esslöffel Zucker, Vanillinzucker und Zitronenschale aufkochen. 20 Minuten köcheln.
2. Mohn mahlen und darunterrühren. 10 Minuten quellen lassen. Pflaumen abtropfen lassen. Eiweiß steif schlagen, dabei 1 Esslöffel Zucker einrieseln lassen. In eine gefettete Auflaufform die Hälfte vom Milchreis geben. Pflaumen daraufgeben.
3. Eischnee unter den restlichen Michreis ziehen. Auf die Pflaumen geben. Im Ofen bei 200 °C ca. 20 Minuten backen.

Birnen-Apfel-Salat

Für 2 Personen
Zubereitungszeit: ca. 25 Minuten
ca. 200 kcal · 6 g Fett · 27 %

1 unbehandelte Zitrone
2 EL flüssiger Honig (z.B. Lindenblütenhonig)
1 – 2 feste Birnen (z.B. Williams Christ)
1 – 2 rotschalige Äpfel (Boskop oder Cox Orange)
2 EL Mandelblättchen à 10 g

1. Die Zitrone heiß abwaschen und abtrocknen. Die Zitronenschale fein abreiben, danach den Zitronensaft auspressen.
2. Die Zitronenschale mit dem Zitronensaft und dem Honig gründlich verquirlen. Die Mischung eventuell in einem Topf oder in der Mikrowelle vorsichtig erwärmen, um den Honig besser aufzulösen.
3. Die Birne und den Apfel gründlich waschen und abreiben. Die Früchte vierteln, entkernen und in feine Spalten schneiden. Sie dann sofort in die Honigsauce geben und darin wenden.
4. Die Mandelblättchen in einer Pfanne ohne Fettzugabe goldbraun rösten. Den Fruchtsalat in 2 Dessertschälchen geben und mit den Mandelblättchen bestreuen.
(auf dem Foto)

LOW FETT 30-Tabelle

Lebensmittel	kcal ca.	Fettanteil in g ca.	Fett-kalorien in % ca.
Brot, Getreide, Backwaren			
Anisplätzchen, 100 g	450	2	4
Apfel im Schlafrock, Tiefkühl-Apfeltasche, 1 Stück	215	6	25
Apfelkuchen (Hefeteig), 100 g	140	3	19
Biskuit-Plätzchen, Löffelbiskuit, Eiswaffel, 5 g	20	*in Spuren	++
Brot, 1 Scheibe, 45 g	90	1	10
Dampfnudeln, 100 g	335	10	27
Englischer Kuchen, Früchtekuchen, 50 g	175	5	26
Frühstückscerealien, 30 g mit 125 ml Milch (Cornflakes, Knusper-Flakes, Clusters etc.)	170	4	21
Haferfleks, 30 g	120	1	8
Haferflocken, 3 EL	90	3	30
Hefestückchen mit Zuckerguss, 1 Stück, 75 g	235	5	19
Honigkuchen, 1 Stück, 70 g	235	3	12
Knäckebrot, 1 Stück	30	0,2	6
Laugenbrezel, 1 Stück	125	1	7
Müsli ohne Nüsse, 50 g	240	5	19
Nudeln, roh, ohne Ei, 100 g	340	3	8
Obstkuchen (Hefeteig), 100 g z.B. mit Pflaume	170	4	21
Rosinenbrot/-brötchen, 1 Stück	120	0.5	4
Pizza Crossa Quattro Tomate-Käse, 1 Stück	255	6,5	23
Popcorn, Puffmais, -reis (-scheibe), Crispies, 100 g	250	*in Spuren	4
Reis, Naturreis, Vollkornreis gekocht, 150 g	170	1	5
Rosinenschnecke, 1 Stück, 65 g	180	4	20
Russischbrot (Buchstabengebäck), 5 g	15	*in Spuren	++

Lebensmittel	kcal ca.	Fettanteil in g ca.	Fett-kalorien in % ca.
Schlemmer-Baguette Hawaii, 250 g	570	18	28
Toast/Vollkorntoast, 1 Stück	75	1	12
Vollkornbrot, 1 Scheibe, 45 g	90	1	10
Zimtstern, 1 Stück, 15 g	60	2	30
Fertig-Gerichte, Imbiss, Snacks			
Asia-Nudel-Snack, Maggi: „Ayam-Huhn“, 75 g	245	4	15
Asia-Nudel-Snack, Maggi: „Chili-Garnele“, 75 g	250	4	14
Asia-Nudel-Snack, Maggi: „Chili-Laksa“, 75 g	250	5	18
5-Minuten-Terrine: Hühner-Nudeltopf, 250 g oder Nudeltopf mit Rindfleischklößchen, 250 g	145	3	19
Asia, Tiefkühl, Maggi: Chop Suey, 250 g	220	4	16
Asia, Tiefkühl, Maggi: Bami Goreng, 250 g	190	1	5
Asia, Tiefkühl, Maggi: Nasi Goreng, 250 g	230	4	16
Asia-5-Minuten-Terrine: Nudeltopf süß-sauer, 60 g	225	5	20
Asia-5-Minuten-Terrine: Curry-Nudeltopf, 49 g	175	3	15
Asia-5-Minuten-Terrine: „Java mit Shrimps“, 40 g	140	2	13
Mein Leibgericht, Tiefkühl-Iglo: Apfel-Reis-Auflauf, 400 g	430	4	8
Mein LG, TK-Iglo: Erdbeer-Reis-Auflauf, 400 g	380	3	7
Mixedpickles, 50 g	10	*in Spuren	++
Pasta Snack, Maggi: Nudeln Madras, 73 g	270	4	13
Pasta Snack, Maggi: Nudeln in Pilzsauce, 69 g	255	4	14
Pastaria-Zwei-Portionsgerichte, Maggi: Tagliatelline in Tomatencreme-Sauce, 85 g	330	7	19
Potato Snack, Maggi: Feine Kartoffeln mit Gartengemüse, 86 g	305	6	18
Reis-Snacks, Maggi: verschiedene Sorten, 1 Beutel	260–315	3–8	9–27
Salzstange/-brezeln, 50 g	170	3	16

Lebensmittel	kcal ca.	Fettanteil in g ca.	Fett-kalorien in % ca.
Käse			
Appenzeller, 15% F.i.Tr., 1 Portion, 30 g	90	2	20
Camembert, 10% F.i.Tr., 1 Portion, 30 g	35	1	26
Kochkäse, mager, 1 Portion, 30 g	25	*in Spuren	++
Kochkäse, 10% F.i.Tr., 1 Portion, 30 g	30	1	30
Körn. Frischkäse mit Früchten, 10% F.i.Tr., 100 g	95	2	19
Sauermilchkäse: Hand-, Harzer, Mainzer Käse, Quargel, Stangen-Käse, 0,5% F.i.Tr.	40	*in Spuren	++
Schichtkäse, 10% F.i.Tr., 100 g	75	2	24
Schmelzkäse, 10% F.i.Tr., Portionsecke, 31,25 g	50	1	18
Schmelzkäse, 20% F.i.Tr., Portionsecke, 31,25 g	70	2	26
Milchprodukte, Süßspeisen und Desserts			
After Eight, 1 Stück, 8 g	45	1	20
Buttermilch, Kefir, 1 Glas, 200 ml	75	1	12
Buttermilch-, Jogurtkaltschale, 500 ml	240	3	11
Körniger Frischkäse mit Apfel, 20% F.i.Tr., 100 g	140	4	26
Frucht- und Kräuterbonbons, 1 Stück, 5 g	20	0	0
Frucht-Müsli-Riegel, Tino, 20 g	75	2	20
Fruchteis, 75 g	105	1	9
Fruchtgummi, Gummibärchen, Lakritze, 50 g	175	0	0
Fruchtkaltschale, 250 ml	140	0	0
H-Milch, 1,5% Fett, 200 ml	95	3	28
Jogurt, 1,5%, Fett, 150 g	75	2	24
Jogurt mit Frucht, 1,5%, 150 g	145	2	12
Milchreis, Müller: pur, 200 g	230	6	23
Milchreis, Müller: Schoko, Vanille, 200 g	240	6	23
Milchreis, Müller: Zimt, 200 g	235	5	19
Molke, 200 ml	50	*in Spuren	++

Lebensmittel	kcal ca.	Fettanteil in g ca.	Fett-kalorien in % ca.
Pudding mit Sauce: Rote Grütze, 125 g	110	1	8
Pudding mit Sauce: Schoko, 125 g	130	1	7
Pudding mit Sauce: Vanille, 125 g	120	1	8
Rote Grütze mit etwas Milch, 125 g	190	3	14
Speise-/Kräuterquark, 10% F.i.Tr., 100 g	80	2	23
Speiseeis Langnese: Blizz Cola, 1 Stück	85	0	0
Speiseeis Langnese: Blizz Lemon, 1 Stück	90	0	0
Speiseeis Langnese: Blizz Power, 1 Stück	100	0	0
Speiseeis Langnese: Calippo Zitrone/Erdbeer, 1 Stück	110	*in Spuren	++
Speiseeis Langnese: Capri, 1 Stück	55	*in Spuren	++
Speisequark, mager, 100 g	70	*in Spuren	++
Zaziki, 150 g	95	3	28
Getränke			
Bitterlemon/Limonaden, 200 ml	40–120	0	0
Fruchtsäfte, 200 ml	55–140	0	0
Gemüsesäfte, 200 ml, ohne Sojamilch	25–75	0	0
Kaffee/Getreidekaffee/Tee ohne Milch/Zucker	0	0	0
Kaffee/Getreidekaffee/Tee mit Milch 1,5% Fett	10	0,25	23
Kakao mit Milch 1,5% Fett, 200 ml	105	3	26
Mineral-/Trink-/Tafel-/Heil-/Quellwasser	0	0	0
Obst/Gemüse/Kartoffeln			
Salate, geputzt, 50 g ohne Dressing	5–10	*in Spuren	++
Frisch-/Tiefkühlgemüse, pur, 200 g	25–180	*in Spuren	++
Frischobst/Tiefkühlobst, 100 g	15–80	*in Spuren	++
Gemüsekonserven, eingelegtes Gemüse, 100 g	10–60	*in Spuren	++
Hülsenfrüchte getrocknet, 60 g (ohne Soja)	155–210	1	4–10
Kartoffeln mit/ohne Schale, Pellkartoffeln, 200 g	240	*in Spuren	++

Lebensmittel	kcal ca.	Fettanteil in g ca.	Fett-kalorien in % ca.
Kartoffelbrei mit Milch (ohne Butter), 200 g	105	2	17
Kartoffelknödel, gekochte Klöße, 1 Stück, 100 g	100	1	9
Obstkonserven, eingelegtes Obst, 125 g (+ Saft)	30–120	*in Spuren	++
Pilze, geputzte Ware, 200 g	20–50	*in Spuren	++
Sojasprossen, 150 g	80	2	23
Trockenobst, 1 Portion, 25 g	60–80	*in Spuren	++
Ei/Fleisch/Geflügel und Wurst			
Eisbeinfleisch in Aspik, 100 g	110	2	16
Eiweiß, 1 Stück, 30 – 40 g	15	*in Spuren	++
Hirschfleisch, 125 g roh	140	4	26
Kalb-/Schweinefleisch, mager, 125 g roh	120–130	1	7–8
Kaninchenfleisch, 125 g roh	190	4	19
Karree, Bauerngeselchtes, Herta, 30 g	40	1	23
Kasseler Wurst, 1 Portion, 30 g	45	1	20
Königsbraten, Herta, 30 g	35	1	26
Lachsschinken, 30 g	40	1	23
Lunge (Kalb), 125 g roh	110	3	24
Puten-/Truthahnbrust, geräuchert, 30 g	35	1	26
Putenbrust/Putenschnitzel, 125 g roh	130	1	7
Rehfleisch, Keule, 125 g roh	120	2	15
Rindfleisch, mager (Hüfte, Wade), 125 g	135	3	20
Schinken, gekocht, 30 g	40	1	23
Tatar (Rind, mager), 100 g	115	3	23
Truthahn-Grillbrust, Herta, 30 g	30	0,5	15
Truthahnfleisch in Aspik, 30 g	30	1	30
Truthahnwurst Virginia, Herta, 30 g	30	0,5	15
Westf. Kern-/Saft-/Farmerschinken, Herta, 30 g	35–40	1	23–26

Lebensmittel	kcal ca.	Fettanteil in g ca.	Fett-kalorien in % ca.
Fisch- und Fischwaren			
Austern, ausgelöstes Fleisch, 100 g	105	1	9
Fisch Cuisine, TK-Iglo Filet Sauce Petersilie, 250 g	235	5	19
Fisch Cuisine, TK-Iglo: Filet Sauce Tomate, 250 g	175	6	30
Fisch Cuisine, TK-Iglo: Fisch Pfanne Asiatisch, Französisch, Helgoland, je 600 g, 2 Portionen	420	12	26
Forelle, 150 g roh/TK	155	4	23
Gold-/Rotbarsch, 150 g roh/TK	160	5	28
Hummer, ausgelöstes Fleisch, 100 g	80	2	23
Kabeljau/Dorsch/Schleie/Schellfisch, 150 g, roh/TK	115	1	8
Katfisch (Steinbeißer), 150 g roh/TK	120	3	23
Katfisch/Forelle, geräuchert, 50 g	60	2	30
Krabben (Garnelen), ausgelöst, 100 g	85	1	11
Lengfisch/Seelachs/Hecht/Barsch, 150 g roh	120	1	8
Muscheln (Miesmuscheln), ausgelöst, 100 g	50	1	18
Scampi (Langusten), ausgelöst, 100 g	85	1	11
Schellfisch, geräuchert, 50 g	45	*in Spuren	++
Scholle/Stint, 150 g roh	130	3	21
Seelachs, geräuchert, 50 g	50	*in Spuren	++
Schrimps, ausgelöst, 100 g	90	1	10
Stockfisch (Kabeljau, Schellfisch getrocknet), 50 g	170	1	5
Tintenfisch (Calamares), unpaniert, 150 g	110	1	8

++ = Fettkalorien unter 1%

*in Spuren = Fett unter 1 g in 100 g Lebensmittel

F. i. Tr. = Fett in der Trockenmasse

Register

Rezeptverzeichnis

Rezeptverzeichnis nach Rubriken

Im FALKEN Verlag sind zahlreiche Titel zum Thema „Low Fat 30“ erschienen.
Bitte fragen Sie überall dort, wo es Bücher gibt.

Sie finden uns im Internet: **www.falken.de**

Dieses Buch wurde auf chlorfrei gebleichtem und säurefreiem Papiergedruckt.

Der Text dieses Buches entspricht den Regeln der neuen deutschen Rechtschreibung

ISBN 3 8068 2377 4

Umschlaggestaltung: Peter Udo Pinzer
Gestaltung: Horst Bachmann
Redaktion: Elly Lämmlen
Bildbeschaffung: Karin Herty
Herstellung: Harald Kraft
Umschlagfoto: Klaus Arras, Köln
Rezeptfotos: Heinr. Bauer Service KG/city-studio, Hamburg: S. 41;**hohes C:** S. 65;
KELLOGG (Deutschland) GmbH: S. 31; **Koopmans:** S. 25;
Mc Cain: S. 55; **Uncle Ben´s:** S. 37; **USA-Sonnenblumenkerne:** S. 2, 39;
alle anderen Fotos: **FALKEN Archiv,** Niedernhausen

Satz: FALKEN Verlag, Niedernhausen/Ts.
Druck: Appl, Wemding

817 2635 4453 62